30歳で不労所得300万円を達成した私が伝えたい

誰にでもできる資産形成

安藤壮一 著
ASIS株式会社 取締役
A-Lab株式会社 代表取締役

JN239638

今、なぜ不動産投資なの？（プロローグ）

あなたがこの本を手にとってくださったのは、なぜですか？

もちろん、不動産投資、またはいろいろな投資に興味があったからでしょう。

それでは、なぜ投資を考えていますか？

理由はいろいろあると思います。先行きの見えない不景気、マイナス金利の導入、ワーキングプアの増加という社会状況、年金への不信感、介護への不安、それに伴う老後破産の増加……。

もしもの時に備える貯金の率が非常に高い日本でも、既に貯金だけで将来への不安が払拭できる時代でなくなりました。そもそも貯金をするのが大変な状況のご家庭も多いといいます。

漠然とした将来の不安という言葉をよく聞きます。将来への不安というのは、自分の努力である程度、回避できるものと、そうでないものがあります。どんなに自分で備えても、不可避のリスクはなくせません。漠然とした将来の不安はあって当然。なくすことはできません。

だからといって、何もしないでいることもできません。多くの人々が、自分のお金の不安や問題を、なんとかしようと考えています。

今、投資に関するセミナーは多くの人を集め、書店に行けば節約や貯蓄、資産形成や副業関連の書籍が棚を埋めています。お金の稼ぎ方、使い方、貯め方、そして育て方が、世の中に大きな関心をもたれているということです。

そんな状況を見るにつけ思うのは、将来への一番の備えは、知識を身につけ、何があっても対処できる自分になっていることなのではないか、ということです。また、お金に関してだけいえば、収入の道がひとつだから不安であり、実際にリスクでもあります。いくつかの収入口があれば、どれかがだめになっても、別の口で補うことができます。

転職で高収入になったとしても、今のご時世、その会社が明日どうなるかわかりません。それよりも、お金の知識を身につけ、収入の方法を複数もつことができれば、リスクは分散され、その不安はやわらぐはずです。

投資は今、とても身近になりました。初めての方用のセミナーも多く開催されています。周囲を見まわせば、会社に勤めながら投資をしている方がきっと身近にもいるはずです。

投資にもいろいろな種類があり、それぞれにメリットとリスクがあります。そのなかで、私は不動産投資の専門家です。自分も紆余曲折を経て、不動産投資で収入を得ています。不動産投資の魅力もリスクも知り尽くし、それでも投資なら不動産と考え、実行しています。

理由は本書の中で説明させていただきます。

今や投資関連の本は、膨大な数で書店の棚を占めています。その中から本書を手にとっていただき（もしくはインターネットの画面に見入り）、購入の検討をいただけるのは嬉しいかぎりです。

不動産投資がまったく初めての方が、検討し、実行できるようになる。そのために、私の経験のすべてを書き記したいと思います。

第1章　投資で広がる未来の可能性

第2章 リスクを知らずに始めない

第3章 ここがお勧め！ 不動産投資

第4章　不動産投資の始め方

第5章　不動産投資に関わるお金の話

第6章　始めた先に何がある？

第1章
投資で広がる未来の可能性

投資はお金持ちのためのもの？

投資なんて自分には関係ない。そこまで思っている方は、このような本を手に取らないでしょう。興味はあるけれど、やっぱり投資は自分には難しい。敷居が高い。もっと元手になるお金がないと…。そんなふうに考える方が多いようです。

けれど、知識も自己資金もゼロからスタートできる投資もあります。

「お金を増やしたい。でもリスクがこわい」

これもよく聞くことです。投資である以上、リスクがまったくないとはいいません。ただし、リスクとは何を指すのでしょうか。得するはずが損してしまうこと。思ったようにお金が増えないこと。これをリスクとするならば、確かに投資はリスクが高いかもしれません。

でも、投資したお金がまったくムダになってしまうということは、正常に運用されている投資の場合、ほとんどありません。

誰もが有限の時間を生きているかぎり、特別な職業の方をのぞいて、自分で生み出せるお金には限りがあります。それ以上にお金を増やそうと思えば、お金を生むだけでなく、育てる必要があります。

それはお金持ちだろうが、そうでもない方であろうが変わりません。むしろ、お金に困ることがない方よりも、お金の不安が大きい、お金に問題がある方こそ、投資で不安を取り払い、足りない分があればまかないたいものです。とはいえ日本の社会では、お金に余裕のある方の多くが、投資でさらにお金を増やし、お金に余裕がない方は、投資を他人ごとだと思っていたりします。

収入を急に増やす方法としては、転職や副業などが考えられます。いずれも今の生活を変える必要があります。それこそリスクも高ければ、大きな労力を費やすことではないでしょうか。

今の仕事や生活を変えずに収入を増やす方法。その中に、投資という選択肢もあります。あなたにもあるのです。

投資にはどんな種類があるの？

ひとくちに投資といっても様々なものがあります。それぞれ特徴があり、メリットとリスクがあります。ただし、メリットやリスクは、投資をする方の状況や求めるものによって変わってきます。

たとえば、ハイリスクでもいいからハイリターンのもので短期決戦したい。それとは逆に、できるだけリスクがないことが最優先。それぞれの場合で、合う投資は変わってきます。

自分がなんのために投資をしたいのか。どんな投資が自分に向いているのかは自分で見定める必要があります。

そのうえで、投資の種類について簡単に説明しましょう。

投資の収入には２つのタイプがあります。

ひとつはインカムゲイン。おもに金利、配当金による収益です。

もうひとつがキャピタルゲイン。おもに売買による差益です。

インカムゲインの特徴は、資産を手元で育てることで利益を得ていきます。比較的安定的な投資であり、リスクが少ない投資とされます。代表的な投資方法はＦＸや株、債券などの配当金です。不動産を買い、それを賃貸物件にして家賃を得るというのもインカムゲインです。

キャピタルゲインは売買の差益で利益を得るもの。価格変動の影響を受けますが、むしろそれを利用した投資ともいえます。自分が買った投資の材料の価格が落ちることもありますから、リスクが低いとはいえません。けれど、場合によっては短期間で大きな利益を得ることもできます。代表的なものは不動産や株、為替の売却利益です。

その2タイプを知ったうえで、初心者が始めやすいものを中心に、具体的な投資方法をいくつか挙げてみます。

《株》

売りに出されている株を買い、株価が上がったところで売って、差額を利益にします。株を持ち続ける、つまり株主になることで配当金を得るという方法もあります。もちろん、インカムゲインを得ながら時を待ち、値上がりした時に売ってキャピタルゲインを得ることもできます。

株を買った会社が倒産してしまえば、その株は紙くず同然になります。倒産しないまでも、株を発行した会社の業績によっては、配当金がなくなり、株も値下がりするというリスクがあります。

《債権》

基本的に、誰かにお金を貸すことで利息を得る投資です。国債は国にお金を貸すもの。社債は特定の企業を選んでお金を貸すものです。利息が安い時代なので、短期間でお金を大きく育てることはできません。けれど、比較的安全で安定した投資方法です。

個人向け国債なら少額からスタートが可能。社債は１００万円程度の元手からスタートすることができます。

《信託投資》

投資の対象や商品を選ばない投資方法のひとつです。自分でひとつひとつ対象や商品を検討して選ぶのではなく、プロの人間に投資用のお金をまるっと預けて、そのプロにある程度おまかせで運用してもらう方法です。ある意味、その人間（ファンドマネージャー）に投資しているようなイメージといえるでしょう。

投資のリスクを減らす方法のひとつが、特定の投資法にすべてを賭けず、いくつかの投資を同時に行うことです。どれかがダメでもどれかはいい。そうやってリスクを分散させるのです。けれど、初心者の方が約６０００種ともいわれる投資方法の中から、利益が上がりそうなものを選ぶのは大変なことです。そのため、ファンドマネージャーにマージンを支払って、プロの目で自分に合いそうな商品を選んでもらいます。

《ＥＴＦ（上場投資信託）》

証券取引所に上場して売買される投資信託です。株式市場が開いている時間帯に、個人が自由にリアルタイムで売り買いができます。一般的な投資信託はプロにすべてを任せるので手数料（マージン）が必要です。ＥＴＦであれば、売買にかかる少額の手数料が発生するだけ。投資が楽しくなり、自分でいろいろ勉強して、好きな商品を選んでみたい。そういう方にはお勧めでしょう。

《FX（外国為替証拠金取引）》

円での売買であれば、円が強い時期にドル、ポンド、ユーロなどの通貨を買い、買った通貨が強くなったときに売りに出して、その差額を利益にします。自分のお金を証拠金として預けるレバレッジによって、実際の元金よりも大きな金額の外貨を売買できるようになります。自己資金の何倍もの投資ができるという魅力がありますが、その分リスクも大きくなります。

《個人型確定拠出年金》

通常の年金と同じように、自分が決めた額を積み立て、将来給付金として受け取ることができる私的年金制度です。国によって決められた年金と違うのは、自分が好きな商品を選べること。扱い先も銀行や生命保険会社などなので、積み立てや貯蓄気分で始めることができるでしょう。

《不動産投資》

不動産を買い、それを運用（賃貸）して家賃を得たり、買ったときより高く売ったりして利益を得ます。不動産を買うというと多額の自己資金が必要かと思われますが、不動産購入に関しては比較的、銀行からの融資が受けられやすくなっています。購入する不動産自体が担保になるからです。

投資用とはいっても、自分が住みたい物件をイメージして選べば、将来的に自分がそこに住むこともできます。

不動産の場合、自分ひとりで物件を購入するほかにも、資金を投資することで不動産の運用に加わる方法もあります。不動産を証券化するという意味で、ＲＥＩＴ（不動産投資信託）と呼ばれます。

時代が投資を身近にした？

前述の通り、現在日本で買える投資商品は６０００以上だといわれています。まとまった元手のない、同年代の平均額よりも収入が少ない方であってもできる投資がある時代です。

日本ではこれまで、一般の人々にとって投資があまり身近なものではありませんでした。リスクを嫌い、貯蓄を好む日本人の気質からすると、投資にはある種、ギャンブル的なイメージをもつ方も少なくなかったのでしょう。

アメリカなどでは、投資は社会人として当然のたしなみ的な考え方が浸透しています。自己責任の国ということも関係するのかもしれません。20代からなんらかの投資をしている方も多いのです。もちろん、一般的な収入の方たちの話です。

最近の日本でも、アメリカのように投資が身近になりつつあります。実際に手掛けている方の割合には、まだまだ大きな差がありますが、制度としての投資のしやすさ、投資商品の多さはかなりのものです。

これも、長期化する圧倒的な低金利や、不景気による賃金増収の難しさなどが関係しているのでしょう。

これまでのように、ただ銀行にお金を預けておくだけでは、置き場所が変わったにすぎず、金利がつくわけではない。さらには勤続年数によって自動的に昇給することもなくなってきた。このようなこともあり、投資に目を向ける方が増え、投資商品が増える。卵が先か、ニワトリが先かはわかりませんが、今や投資は一般の方にも手が届く、いろいろ選べる時代になりました。

また、日本人の中に根強かった「お金のことを話すのはよくない」という固定観念が薄れてきたこともあるような気がします。生きていくために大切なお金を、自分できちんと管理する。自分の力で増やす。賢く投資するのはスマートなこと。そんな当たり前のことが、当たり前に言える、できる時代が来たといえるのかもしれません。

投資をせずにお金を育てる方法は？

投資をせずにお金を稼ぐ方法はあります。時間や労力と引き換えに収入を得る、副業をもつという方法です。けれど、投資をせずにお金を育てる方法は、今の日本ではほぼないといっていいでしょう。

かつてはまとまったお金があれば、銀行の定期預金に入れておくだけでも、ある程度は金利で増えました。バブル時代の約7％という金利であれば、銀行に10年ほど、ただ預けておくだけで2倍の金額になりました。けれど、今の金利では、生きている間に倍にするのは絶対に無理。２倍にするには数万年掛かります。

安全であったはずの国の年金も、今やリターンが大きいとはいえません。下手をしたら、払い込んだ額よりも受け取る額が少ないというリスクだってあります。それを考えると、たとえば前に挙げた投資の一種、個人型年金は、投資というイメージがなくお金を育てることができる方法のひとつです。

インカムゲインの投資方法は、いわゆる投資で儲けるというよりも、じっくり育てるもの。貯蓄に近いイメージです。そういうものを選べば、貯蓄気分でお金を増やすことができるでしょう。

不動産投資にしても、不動産投資信託や、個人で買った不動産を賃貸して家賃を得る方法であれば、貯蓄に近い安定した運用が可能です。

一日に何度も為替をチェックしたり、日経株価を気にしたりするのが、いわゆる一般的な投資のイメージだとすると、銀行にお金を預けておくように、ある程度放っておいても勝手に運用されていく。そういう貯蓄に近いイメージの投資方法が、今の日本にはたくさんあります。あなたに合った、お金を育てる方法が身近にあるはずです。

年収３００万円でも投資はしたほうがいい？

年収の多少にかかわらず、投資はしたほうがいいと私は考えます。お金があまっているから投資するのではありません。むしろ、あまっているなら何もしなくてもいいくらいです。

少しでも自分の力でお金を育てて、自分の可能性を広げたい。将来に備えたい。その方法のひとつとして投資を選び、投資を武器にしていきたい。それが私の考えです。

これまでの日本では、投資が一般的にはあまり身近でありませんでした。義務教育でお金の話をしたり、投資について学んだりすることもありません。アメリカでは、義務教育でお金や投資について学ぶ学校が多いと聞きます。投資はたしなみであり、必要な教養のひとつととらえられているということです。

そして今、日本でも投資がだいぶ身近になり、商品は増え、初心者でも始めやすくなっています。年収３００万円ならもちろん、２００万円だとしても、独身者であれば投資の種類によっては不可能ではありません。

貯金をするなら投資を。そう言いたいくらいです。毎月一定額を投資用として積み立てる商品もあります。リスクがゼロではないとしても、そのような商品は非常に安定しています。

銀行に積み立てても金利はほぼゼロ。そうであれば、投資をして儲からなくてもともと。減る可能性がゼロではないとしても、とんとんくらいで収まることは多い。さらには増える可能性がある。銀行に預けておくよりいいと考える方が増えるのは当然ではないでしょうか。

投資に年収は関係ありません。その気になればできるのが今です。お金を育てるために始めるのです。今、いくらあるか。どのように使うべきか。客観的に把握する必要はありますが、元手によって投資をあきらめることはありません。

投資で育つのはお金だけじゃない

私自身も20代で不動産投資を始めました。ただし、最初は失敗といっていい結果でした。ほとんど知識もなく安易な気持ちで始めたから、ということもあると思います。

だからといって私は、投資はしっかり学び、知識を得てからスタートするべきとは思っていません。少しでも若いうちからの投資をお勧めします。実践から学ぶのが一番だと思うからです。もちろん最低限の知識や、自己責任として知っておくべきリスクはありますが、それほど多くはありません。

サッカーをいくら観戦しても、サッカーの本を読んでも、サッカーがうまくなることはありません。楽器だって、絵だってそうです。実際にしてみなければ本当の楽しみはわからないはずですし、上達することはあり得ません。

投資も同じです。投資は始めてみれば楽しいものです。けれど、単なる趣味以上に実益があるものであり、本来は実益のためにするものです。自分の力で利益を得ることができるようになるのです。元手がかかることなので、始める前に最低限の知識は必要ですが、実際のことは始めてみなければわかりません。身につきません。

逆にいえば、始めた段階から知識も経験も自分のものになっていきます。お金を育てる方法が自分のものになっていくのです。

失敗することもあるかもしれません。それでも、安定を重んじた投資であれば、とりかえせないほどの失敗をすることは少ないはずです。そうならないために、実際に自分で手がけながら学んでいくのです。

お金の知識と経験は、生きていくうえで有益な武器になります。お金がすべてではありませんが、お金がないためにあきらめなくてはいけないこともあります。お金があれば、より多くのチャレンジや楽しみ、学びや経験が手に入ります。

投資はお金を育てるためのものですが、そのお金はあなたの可能性になります。あなた自身を大きく育ててくれるものにもなり得ます。

あなたのための投資の見つけ方

投資に興味がある。でもどうしたらいいかわからない。

それが、多くの方たちの現状でしょう。そういう方たちに、ひとくちに「この投資がいいですよ」ということはできません。私は不動産投資のプロであり、自分自身も不動産に投資をしています。自分自身で選んだ投資方法ですから、当然、自分に合うと思っています。そして、実際に収益も出しているから続けています。だからといって「投資のなかでは不動産が一番です」と、安易に勧めることはしたくありません。

前述のように、投資には非常に多くの種類があり、すぐにでも購入できる投資商品が何千とあります。投資に掛けられるお金や、人それぞれの目的によって、合う投資は変わるのです。

その結果、現状では、不動産が自分に合うと考えて、不動産投資を続けているわけです。そしてその結果、不動産投資が多くの方に勧められる投資方法であるということはいえます。

それは不動産投資の中でも、目的に合わせていろいろな方法、商品を選べるからです。まずは気になる不動産投資を始め、勉強や経験を積んで、さらに自分に合いそうな、または気になる不動産投資を手掛けることができるということです。

そして、現物がしっかりしているということもあります。株券は、その価値がなくなれば紙です。その紙に価値があると社会的に認められているから、それが共通認識だから欲しがる方がいますが、誰もその価値を認めなかったら、事実としては単なる紙。

でも不動産は、たとえ人から見た価値が下がったとしても、家や土地というものが紙になったり、なくなったりはしにくいものです。家や土地として、自分の手もとに残ります。それが不動産投資の特徴です。

どんな投資が有利なのか。何から始めるべきなのか。それは人それぞれです。投資は自己責任に行うべきものですから、投資方法や商品を選ぶのは自分自身です。その部分は大切です。

「やっぱり知識がないと始められないんだ」

そうではありません。もちろん最低限の知識は必要ですし、多くの知識があったほうがいいでしょう。けれど、知識は投資をしながら勉強すればいい。実戦で知識と経験を身につけていくほうが、速くて確実です。

投資を始めようと思ったときに必要なのは、自分自身を知ることです。

なぜ投資をしたいのか。目的はなんなのか。どんなことに興味があって、何が苦手なのか。お金を増やして何をしたいのか。いつまでにどれくらい増やしたいのか。

目的や想いを把握し、お金を増やすことを具体的にイメージするのが第一歩。そして、信頼できるアドバイザーを見つけることが次の一歩です。まずは最初の一歩を踏み出すためのアドバイザーでいいのです。投資を続けていけば、自分自身も変わります。そうなれば、必要なアドバイザーだって変わるかもしれません。始めること。そこに思いきりが必要です。始めてしまえば、あとは楽しみながら学び、経験を積んでいけばいいのです。その過程で、いくらでも軌道修正はできます。

コラム

みんなどんな投資をしているの？

まさか年収４５０万円の私が不動産オーナーに？

（ガス会社勤務・年収４５０万円・墨田区・利回り6.5％）

仕事で不動産オーナーの方と接する機会が多く、不動産投資に興味はありました。皆さん、余裕のある生活を送っているように見えたので。でも、自分の年収を考えると毎日の生活で手一杯。不動産を買えるなんて思っていませんでした。

ところが友人に誘われて軽い気持ちで不動産会社に行き、そこで私でも不動産を買える方法があること、不動産オーナーは実現可能な夢であることを実感したのです。

さっそく相談に乗っていただき、手頃な不動産を見つけていただいて購入。不動産をもっているという精神的な安心感、満足感、そして給与以外の収入。両方が手に入りました。落ち着いて生活を楽しめるためか、仕事も楽しくなったことは嬉しい驚きでしたね。長年憧れるだけだった海外旅行に、年に何度か行けるようになったのも嬉しいです。

今は区分収益物件の保有数を増やして、不動産投資の経験を積んでいきたいです。そして、ゆくゆくは一棟収益物件を購入したい。今ならそれが十分実現可能な夢。人生設計の一部です。そんなふうに思える日が来るなんて。あのとき思い切って一歩を踏み出してよかったと、つくづく感じています。

第2章
リスクを知らずに始めない

利益とリスクは背中合わせ？

リスクというと「危険」と思われるかもしれません。けれど投資の世界でいうリスクには、少し違うニュアンスがあります。

投資でいうリスクとは、値動きの幅、変動幅などのことを指すのが一般的です。「特か損か」ではなく、良くも悪くも、その幅のことを指します。大きく値上がりするものは、値下げ幅も大きいのが普通です。値下げ幅が少ないもので、一度に大きな利益を望むのは難しいものです。

つまり、投資の世界でいう「リスクが大きい」というのは「危険」が大きいというよりは「幅」が大きいということになります。「ハイリスク、ハイリターン」「ローリスク、ローリターン」であることを標準偏差といいますが、投資というのは基本的にそういうものです。

たとえば一般論でいえば、株式と債券を比べると、株式のほうがリスクが高い。先進国投資と新興国投資では、新興国投資のほうがリスクが高い。つまり、どうなるかわかりにくいもののほうが、リスクが高い。それは、良くも悪くも幅が大きいということです。

お金に余裕がある人＝リスクが怖くない人にとっては、ハイリスクは「危険」だけではなく「チャンス」でもあります。投資の観点からいえば、リスクは一方的に悪いものではありません。けれど、この本の大多数の読者様は、ハイリスクを「危険」と感じることと思います。私も同じ感覚です。

まとまった元手を武器に、ドーンと一発儲けたい。それならばハイリスクな投資が。

しかし銀行にただ預けておくよりは、少しでも増やせればいい。そういう目的であれば、ローリスクな投資が目的に叶っています。

また、損をすることが怖くて投資をためらう方は多いもの。その場合は「ローリスク」を第一条件に選べばいいでしょう。お金の知識がないこと。投資について何も知らないこと。それをリスクのひとつだと捉えれば、お金や投資の知識や経験を自分のものにすることは、リスク回避のひとつといえます。

投資のリスクって？

投資を始めようとする場合に気になるリスク。具体的にはどんなものがあるのでしょうか。いくつか例を挙げてみます。

◇価格変動リスク／値下がりリスク

自分が投資した商品の価値が上下することです。株や債券などの金融商品は、取引所が開いている間、常に価格が変動しています。ちなみに投資でいうリスクは、一方的に下がることではなく、上下のことを意味します。以下のリスクについても同じです。

◇為替変動リスク

為替レートの変動で、自分がもっている通貨の資産価値が上下すること。現在、円の場合はリスクがそれほどありませんが、新興国通貨などでは、リスクの高いケースもあります。

◇流動性リスク

取引量が少ない場合、自分が取引したい場合にすぐにできないケースがあります。金融商品を現金化する、またその逆にも時間が掛かることがあり、それを流動性リスクといいます。

◇信用リスク

経営悪化や、企業が事件を起こして株価が急落するなどのケース。ひどい場合は倒産によって、その商品が実質上無価値になることがあります。

◇地政学的リスク（カントリーリスク）

新興国や政情不安国にありがちなリスクです。テロや戦争、紛争などがあれば、その国の債券の価値などは急落しますし、可能性を感じる出来事によって、一気に価値が跳ね上がることもあります。

失敗したらどうなるの？

投資の失敗の主なケースは「元本割れ」です。投資に掛けたお金より利益が下回る、つまり、元金が減ってしまうことです。借金をして投資をしたのでなければ、借金を背負うということはありません。悪くてゼロになってしまうだけです。

とはいえ、まったくゼロになってしまうということも、ほとんどありません。ひとつの商品に元手を全部つぎ込むのはめずらしいことです。分散している限り、すべては一度に急落してゼロになるというのは考えにくいことです。

また、株や債券が手元にある限り、まだ損をしたことにはなりません。売った価格が買った価格より低い場合が損ですから、売らない限りは損ではないのです。悪いときに無理をして売らなくても、時期を待っていれば、またいい時が来る可能性もあります。

ところで「借金をしなければ」と述べました。つまり借金をして投資をした場合、失敗すればゼロになるだけでなく、マイナス、つまり借金が残る状態にもなります。それはどんな借金でも同じことですが。

借り入れてすることが多い投資は、株式の信用取引、先物取引、ＦＸ（外国為替証拠金取引）などがあります。お金を証拠金として預ける信用取引やレバレッジを利用すれば、商品の価値が下回った場合は借金が残ります。

不動産を購入するときは、一般的にローンを組みます。そのため、何かあった場合はローンだけ残るリスク（この場合は本当のリスク）もゼロではありません。

ただし、不動産でものがなくなるのは、地震で全壊や詐欺にあって不動産を騙し取られるなどの、非常に特殊なケースです。火事については必ず保険を掛けますし、多少の価格変動があっても、不動産自体がなくなってしまうことはありません。地震にしても任意の保険があり、また、築年数の浅いマンションであれば、全壊は考えられません。東日本大震災の際にも、２０００年以降に建てられたマンションの全壊はありませんでした。

つまりマンションであれば、特殊な物件でない限り、なにもなくなってローンだけが残るということは、ほぼありません。

リスクを避けるためには?

危険＝損を避けるために必要なのは、自分を知ること。そして最低限の知識と、自己責任の認識をもつこと。そして、信用できるアドバイザーがいることです。

成功＝得をするためにはさらに、投資の目的、人生の目標をはっきりさせること。経験を重ねながら知識を磨いていくことなどが必要です。

「宝くじは買わないと当たらない」

「宝くじで損をしないためには買わないこと」

考え方は人それぞれです。得を求めたいか、損をしたくないか、ともいえます。では、損をしたくないなら投資をしないのが一番なのでしょうか。

多くの方が「銀行に預けていればリスクはない」と勘違いしています。現金をもっていれば安全という意見もあります。けれどそれは違います。

現金で手元にもっておくにしても、銀行の普通口座や定期口座に預けておくにしても、危険はゼロではありません。お金を寝かせておくことには、インフレリスクがともないます。インフレが進み、お金の価値が下がれば、預金額は変わらなくても、価値が変わるのです。

１００万円あれば軽自動車が買えるとします。けれどインフレが進めば、同じ軽自動車を買うのに１５０万、２００万必要になることだってあります。１００万円は変わらなくても、価値が下がっている。気がつかないうちに、自分の大切なお金が目減りしている。これがインフレリスクです。

しかも、銀行に預金するということは、広い意味では投資信託になります。銀行は利用者の預金を使って運用しているのですから。

預金に関するリスクを認識している方は少ないでしょう。よく考えれば、預金とは超ローリスク、ローリターンの投資ともいえます。預金をしていることは、その銀行を投資先として選んでいること。それを認識しましょう。そして、必要があれば運用の見直しをしていきましょう。

コラム みんなどんな投資をしているの?

会社の評価なんて関係なくなった

（25歳・生命保険会社勤務・年収560万円・中央区・利回り6.0%）

給与所得しか収入源がない。多くの人がそういう状態で暮らしていますが、それは不安なことではないでしょうか?

私は不安でした。そのため投資に興味がありました。不動産投資は会社の副業禁止にあてはまらず、毎月一定のキャッシュフローが見込めます。私の収入でも可能だとわかり、少しでも早くと思って始めました。

給料以外の定収入が見込めるようになり、会社での評価を必要以上に気にすることがなくなりました。その結果、自分の思ったことを正直に、ストレートに伝えられて、ストレスが減ったような気がします。

最初の一戸には大きな決断がいりますが、実際にやってみれば難しいこと、大変なことはありません。そして私の場合は思った以上に、精神的、生活的にいい変化が訪れています。これからは毎月のインカムゲインと売却時のキャピタルゲインを元手に不動産に再投資を行い、不動産収入だけで最低限の生活を送れるようになりたいと考えています。

夫婦円満になりました！
（27歳・営業・年収６００万円・港区・利回り5.8％）

生活に余裕がなく、今後のことも考えたらお金をつくりたい、収入を増やしたいと思っていました。そこに不動産投資を紹介してくれる人がいたのでとりあえず話を聞いてみることに。自分は特になにもせずにお金が増やせるということで、興味が湧きました。もちろん、いいことばかりではないのはわかっています。その点、担当さんがメリットとデメリットを明確に話してくれたので「これなら大丈夫」と思えました。

不動産オーナーになってみると、給与以外に収入源ができたことで、心に余裕ができました。実は妻は不動産を手に入れる喜びよりも、借金ができることを不安がり、あまり賛成ではありませんでした。けれど今では、これまでより豊かな暮らしをしているのに、しっかり増えていくお金を見て、とても喜んでくれています。おかげで夫婦円満になりました（笑）。

私の場合、すべて担当さんにお任せです。でもそれでうまくいくのだから問題ありません。自分でいろいろ学ぶ人も多いと思いますが、それぞれのやり方でムリなく始められ、続けられるところも不動産投資のいい点だと思います。

第3章

ここがお勧め！　不動産投資

不動産投資にはメリットがいっぱい

いろいろな投資がある中で不動産投資をお勧めするのは、私自身が実感しているメリットが多いからです。

不動産の売買について特別な知識がない一般の方は、不動産売買とは難しいこと、大変なことだと思っているはずです。

まず、非常に高額なお金が動きます。購買の資金を用意するためには融資を受ける、つまり借金を抱えることになります。法律や税金のことも気になります。そんな心配事ばかりが知られているため、不動産売買とは、ある程度年齢を重ねたお金持ちがすること、というイメージがあるようです。

けれど、それは違います。不動産売買のメリットは、誰にとっても同じようにあります。つまり、誰でも始められるのが不動産投資だということです。

具体的なメリットとしては、まず、自己資金が少なくても始められることです。それは融資が受けられるからこそです。漠然と「危ない」「怖い」「だいそれたこと」と思う方が多い多額の借り入れ、それができることが不動産投資のメリットです。

年収３００万円で、自由になるお金、投資に回して苦しくないお金が月に２万円だとします。それをそのまま投資に回したとしても、たいしたことはできません。けれど、不動産投資であれば、年収３００万円で、２０００万円の物件を購入することも可能です。

借金が怖いといっても、貸す方だって、返してもらわなければなりません。返してもらえる保証があるからこそ融資してくれるのです。それは、あなたが買った不動産が担保になるからです。

それにしても、毎月借金を返済しなければなりません。けれどそれは、家賃収入として入ってきます。あなたの買った部屋に入居した方が払う家賃、それで借金を返済するのですから、ある意味、他人（部屋の借り手）が、あなたの部屋のお金を払ってくれているのと同じことです。

もちろん、買った部屋に自分自身が住むこともできますが、それは投資ではありません。これまでの生活を変えずに、不動産物件を所有する。そしてそれを活かしてお金を増やしたり、将来に備えたりするのが不動産投資。融資や家賃収入といった、他人のサポートを受けて不動産を所有できるのが不動産投資です。

しかも今は、頭金がなくても不動産を買えるケースが増えています。その分、融資額、つまり借金も多くなり、ローンの返済額も増えますが、それはきちんと計画を立てること、そして家賃収入を得ることで解決できます。前述の通り、返済の計画が立たなければ融資は受けられないので、返せないほどの借金を抱えるということはありません。

「今後、給料が下がったり、失業したりして収入が落ちたら…」

そんな心配をする方もいますが、それは不動産投資をしていなくても同じこと。不動産投資によるローン返済分は家賃収入として入ってくるのですから、不動産を買っても買わなくても、一ヶ月の支出は増えていないのと同じです。不動産を投資として賃貸しているのであれば、ローンがあるから収入が減ったら困るというのは錯覚です。

そのうえ、不動産を所有している、融資を受けて返済を続けているということが社会的信用につながるので、プラスマイナス・ゼロではなくプラスといえるのではないでしょうか。

家族がいる方が不動産投資をする場合「自分に万一のことがあったら、家族に借金が残ってしまう」と心配する方もいます。けれど、それも心配ありません。

銀行などのきちんとしたところから、正当な融資を受ける場合、団体信用生命保険への加入が義務付けられるのが一般的です。その方が亡くなったり、重大な障害が発生して働けなくなったりしたときは、保険金でローンの残金がまかなわれます。残りの借金が払えなくても、ローンが完済した状態で不動産が残るわけです。もちろん、そのまま家賃収入を受けることもできますし、不動産を売却してまとまったお金にすることもできます。

「ローン返済額の他に保険金も必要となるじゃないか」

そう思われるかもしれませんが、ローンを組まなくても生命保険に加入するのは普通のこと。ただ保険料を払い続けて、払戻金の受け取り期間が終わったら終わり、というよりも、不動産が手元に残り、家賃収入を受け取り続ける、または自分が暮らす、というほうが合理的だと私は思っています。

デメリットもないわけじゃない

投資である限り、リスクがゼロということはあり得ません。比較的リスクが少ないとされる不動産投資にも、もちろんデメリットはあります。

たとえば景気の変動。これは景気が悪くなるということばかりではありません。景気の良し悪しに関わらず、金利が上昇すれば、ローン返済の負担は重くなります。現在はまれに見る低金利時代。そのため、今はローンの組みどきだとも言われます。しかし今後、金利が大きく引き上げられることがあれば、返済の総額も増えます。

２０００万円の借り入れで年利３％の場合、年間60万円の利子（初年度）を払うことになります。金利が倍になれば、利子の年額は１２０万円。不動産投資は借り入れる金額が大きいだけに、金利の上昇やデフレがリスクになります。

税金についても、大きな金額のものを所有、または売買するため、増税の影響を大きく受けます。

不動産を持ち続ける中で、最大のリスクは不動産を失うことです。地震や水害などの天災や火事などの被害を受ければ、ローンだけが残ることも考えられます。何事もなくても、物件が古くなれば経年劣化によって修繕は必要になります。古くなることによって、家賃も下がるかもしれません。地価や街の人気が落ちることによっても家賃の値下がりはあり得ます。

さらに、部屋の借り手がつかないこと。借り手はいても、家賃を滞納したり、トラブルを起こしたりするといったケースもあります。また、通常は借り手と自分が直接契約書を交わしたり、敷金、礼金、家賃などお金のやりとりをしたりすることはありません。間に管理会社や不動産会社が入るのが一般的です。その管理会社や不動産会社が倒産や不正などの問題を起こすことも、ないとはいえません。その場合、借り手が払ったお金を受け取れないことも考えられます。

不動産投資にはこのようなデメリットがあります。これらのリスクをゼロにすることはできませんが、知識や準備などによって最大限回避するための手を打つことはできます。

不動産投資のリスクを回避する手段って？

前項で記したそれぞれのリスクについて、打てる主な手段を紹介します。

景気の変動に対しては、自分でどうこうできるものではありません。けれど、突然「なんだかローンの負担が重く感じられて困る」というのでは困ります。景気や金利、税率の変化などについては、最低限、一般常識レベルで知っておきましょう。そして、負担が増えるようなことが起こりそうなら、節約や収入増の手段を考えておきましょう。

不動産に関わらず、投資を始めてみると、経済や世情に敏感になるのが一般的です。興味がわき、気になってくるのです。世の中のいろいろな動きを「自分ごと」として感じられるようになり、視野が広くなるのでしょう。勉強をするのも楽しくなってくると、私自身を含めてよく聞かれることです。

災害や火事への備えは保険です。修繕に関しても、常日頃から管理をしっかりして、問題が起きそうな部分があれば早めに対処する。これに自分でできるというよりも、しっかりした管理会社を選ぶことが必要です。さらに、急な修繕費の発生で困らないよう、積み立てをしておくことも大切です。

家賃や地価、人気が下がらないようにするためには、最初の物件選びが重要です。これは、天災への対処にもなります。災害が起きにくい地盤がしっかりした立地。交通の便がよく、人気の浮き沈みが少ない街を、将来の土地計画なども視野に入れて選ぶこと。東日本大震災以降の、新基準のもとに建てられた鉄筋コンクリートの建物であれば、天災にも火事にも強いといえます。

好みが激しく分かれる間取りや建物デザインは避けたほうが無難でしょう。サブリースという、借り手がつかなくても家賃保証があるシステムもあるので、利用を検討することも必要かもしれません。

借り手自身のトラブルや、管理会社、不動産会社のトラブルに関しては、仕方のない面もあります。借り手については最初にしっかり審査する。近隣トラブルに関しては、日常的な管理でつかめるようにしておく。それらも含めて、管理会社や不動産会社は、掛かる経費だけで選ばず、信用がある会社を選ぶことです。

不動産投資のバラエティ

ひとくちに不動産投資といっても、いくつかの種類があります。

ここまでに説明した全体的なメリット、デメリットはほぼ共通していますが、それぞれ特徴があります。

本書で主に記すのはマンションの部屋を購入し、貸し出して家賃収入を得る方法です。私の不動産投資もそうです。読者のみなさんの興味もそうでしょう。マンションの部屋の賃貸というのは身近なことなので、比較的誰にもイメージしやすい投資法かと思います。

以下、参考までに、その他の主な不動産投資について簡単に説明します。

マンションやアパートであれば、一棟丸ごと購入して貸し出すという方法もあります。将来自分たちが暮らすことも視野に入れて、一軒家を購入して貸し出すケースもあります。いずれも購入に掛かる費用は膨大になりますので、誰もができることではありません。

ただしこの数年、古くてボロボロ、取り壊し寸前のようなアパートを一棟丸ごと安価で購入し、リノベーション（改装）して、付加価値をつけて貸し出すということが盛んになっています。捨て値のような価格で購入すること。一般受けを狙わず、リノベーションを工夫することにより、個性的な物件に仕上げて借り手にアピールすることなどがポイントになります。

その他、土地活用の方法として、駐車場やコインランドリーなどもあります。

また、不動産投資信託も、広い意味では不動産投資の一種といえるでしょう。不動産投資をする会社に投資をして、不動産運用を任せる方法です。上場した不動産投資法人の投資証券を買うことで間接的に不動産投資をし、インカムゲイン（家賃収入）やキャピタルゲイン（売却益）を配当として受け取ります。

ひとつの不動産（主にマンション一棟など）を、共同購入するという方法もあります。一般的には、その物件を扱う不動産会社が一口分の価格を設定します。購入者は買った口数分の権利を所有し、その分の家賃収入を受け取ります。売買もできますが、一部屋という単位で分けられているのではないため、自分が住むことはできません。

不動産投資が向く人は?

基本的に、不動産投資は多くの方に勧められる方法だと、私は考えています。一般的なイメージとは違い、実際は高額所得者でなくても始められる、身近な投資です。頭金が少ない、もしくはなくても始められる物件やケースも増えていま す。今現在まとまったお金が少なくても、そして年収が高くなくても始められるのです。

不動産という確かなものが、自分のものとして手元に残るのも、多くの方に勧められる理由のひとつです。

ただし、通常はローンを組むのが条件になるため、会社勤めをしていない若い方には難しいかもしれません。非正規採用や、フリーランスで仕事をしている方はローンを組むのが難しいのが現実です。たとえ今現在年収が高くても、ローンの審査では長きに渡る保証を考え、信用を重視します。日本の社会では、公務員、正規採用の勤め人が信用されやすいのです。

さらに、忙しい方や、まだ投資にそれほど詳しくない、自分の時間を使ったり、手間をかけたりせずに投資をしたいという方にも、不動産投資はぴったりです。

通常、不動産を売買する時には仲介者が入ります。株などの売買にも証券会社などが仲介に入るケースがありますが、不動産売買の場合、仲介者との関係がより密になるのが普通です。物件の下見や資金繰りの相談などが必要だからです。そのため、信頼できる仲介者を選ぶことで、強力な個別アドバイザーがついてくれることになります。

買った不動産の管理も管理会社に任せることができる（自己管理もできますが、管理会社を入れるのがお勧めです）ので、手間が掛かりません。

若いと、特に有利って本当？

正規採用の社員であれば、若いうち、できれば20代で始めると有利です。

まず、ローンを組むときに、若さが有利に働きます。不動産物件の耐用年数は、木造22年、重量鉄骨34年、鉄筋コンクリートは47年と設定されています。そして、ローン返済の期限は、基本的に物件に耐用年数までとされています。とはいえ、通常は30年、35年が事実上のリミットになっています。

いずれにしても、25歳で不動産投資を始め、リミットまで返済するとしたら、木造なら47歳、築10年の鉄筋なら62歳までに返し終わります。これが45歳の方ならどうでしょう。計算上は木造なら67歳、鉄筋なら82歳ですが、82歳までのローンなんて認められるわけがありません。どうしても返済期限が短くなる。つまり、一ヶ月あたりの返済額が高くなってしまいます。

さらに現在は「女性、若者／シニア起業家支援資金」があります。35歳未満、55歳以上、そして女性に向け、7200万円まで融資してくれる支援金です。金利の変動に左右されない1~2％の固定金利融資は羨ましい限りです。

また、早く購入すれば、それだけ長い間、家賃収入を受け取れるというメリットもあります。始める時期によって、生涯で得られる収入がかなり違ってきます。

そして、25歳で始めていれば、35歳の段階で、もう10年の経験があることになります。これは経営実績といって、次の融資を受ける際に大きな有利となります。早く始めることで、2件目の不動産投資も夢ではありません。さらには、万が一の失敗の時、40代・50代の失敗に比べると軌道修正や、やり直しが容易なのは確実です。その経験を活かす時間もたっぷり残っています。

実は、私自身、20代で挑戦した初めての不動産投資で失敗しています。当時は、今とは違う仕事をしていました。その失敗の経験を活かして、今、不動産投資で収益を得ながら、不動産投資のコンサルティングを行っています。私が最初に挑戦したのが45歳だったらどうでしょう。そこから失敗を経て学び、自分の会社を起こして軌道に乗せるといったら、早くて50代です。

不動産投資に限らないこともありますが、早めのスタートは多くの面で有利なことがおわかりいただけると思います。

年収300万円からムリなくできるってホント？

できるだけ若いうちから始めたい不動産投資。しかしそうなると頭金も、月々で投資に使えるお金も少ないと思われがちです。

頭金のことは、あまり心配ありません。正規採用であり、返済計画がしっかりしていれば、頭金は少額でもローンを組めます。頭金ゼロのプランもあります。

月々のローン返済に使えるお金が少なければ、安い物件しか買えないのではないか？　その問題も解決法があります。

まず、安い物件＝よくない物件ではありません。問題なのは安い理由です。何かよくない部分があって安いのであればお勧めしませんが、例えば小さな物件ということであれば、そういう物件を求める方がいます。

広い物件は家賃収入も大きい代わりに、自分が買う時も高額です。お金の面だけでなく、広めのファミリー用物件の賃貸は、借り手から求められるものも多くなります。初心者の不動産投資は、まずはシングル用物件から始めるのがオススメです。お金に余裕があるなら、また利益が多くなったら、経験をもとに2件目の購入や、より高級な物件への買い替えをすればいいと思います。

投資は暮らしを、そしてあなたの人生を豊かにするためのものです。ムリをしてローン返済に苦しむのでは本末転倒だと、私は考えます。たとえ将来の備えのためでも、今が楽しめない、苦しいということでは、いい備え、いい投資だとは思いません。

年収３００万円でもムリなくできる。それは、今なら投資用としてお勧めできる物件が購入できるということです。低金利でローンが組めますし、不動産が買いやすくなっています。月々の返済も、不動産を所有することで、生命保険や積立貯金を兼ねての計画が可能です。現在、月々出ていっている支出金額に、単純にローン分がプラスされるわけではありません。

同じ年収３００万円を、将来に向けて、より有利に活かす方法として各種投資、特に不動産投資があるといえます。

コラム みんなどんな投資をしているの？

初めはリスクがこわかったけれど…

（エンジニア・年収400万円・北区と葛飾区の2件・利回り5.0％）

知り合いから「いい不動産屋があるから」と紹介されたものの、私にとって不動産は「大きな借金＝リスクのもと」というイメージでした。それを正直に担当者に話すと、リスクを隠すことなく公平に不動産投資の説明をしてくれました。安心できる内容だったこと、信頼できる人が担当さんだったことから、気づけば不動産オーナーになっていました。

紹介してもらった物件は、どれも目移りするほどいい物件。いろいろアドバイスしてもらいながら選び、結果に満足しています。毎月銀行への返済を忘れずに行えば、残ったお金を貯蓄したり、好きなことに使ったりできます。おかげで経済的に余裕ができ、有意義な生活を送れるようになりました。

今はまだ始めたばかりですが、信頼できる担当さんに出会えたことはとてもラッキーだったと思います。今後もアドバイスしてもらいながら、不動産の知識を身につけていきたい。そして物件の価値がわかる人間になり、いい物件にめぐりあいたいと考えています。

憧れの不労所得で生活に余裕が

（27歳・営業職・年収５４０万円・渋谷区・利回り5.7％）

不動産に興味を持ったきっかけは、不労所得を手に入れたいと思ったことです。とはいえ、不動産に投資というのは、富裕層がすることだと思っていました。そこでどんな方法があるのか探っていたときに、たまたま知人が不動産投資を始めたことを知りました。年齢も年収も、私とそれほど変わらないはずです。話を聞いてみると「信頼できる営業マンと知り合ったから」と。

さっそく私も話を聞き、本当に顧客の立場でものを考え、しっかりフォローしてくれると感じました。そしてほどなく、私の希望や条件に合う物件を見つけてくれたので購入。結果は、生活にも遊びにも余裕ができました！

なんといっても、これまで通りに働き、生活しながら不動産収入を貯金に回すことができる。この精神的、金銭的余裕が大きいです。

今は、不動産のことは信頼している営業マンにお任せ状態ですが、自分でも勉強して、不動産収入が通常の所得を超えるような投資をしたいと夢見ています。最初の一軒を購入したことで、それが単なる夢ではないことを実感しています。

第４章
不動産投資の始め方

まず何から始めればいい?

投資を始める際にまず必要なのは、知識より何より自分のことを知ること。これは既に述べたとおりですが、大事なことなので追記しておきます。

投資はあなたの毎日を、そして将来をより良くするためのものです。自分の暮らしや将来をより良くすることの意味、そして具体的にどうしたいかがはっきりしていないとうまくいきません。

とにかくお金に余裕があれば、いろいろなことがうまくいく。それは一理あるかもしれませんが、お金を育てることの意味や目的がはっきりしていればしているほど、楽しみながら投資を続けていけます。そして失敗が少なくなります。「お金が増えればいい」という気持ちばかりだと、意識していなくても目先のお金の損得に捉われがちになります。それでは長期的に安定した投資は難しくなります。なんのために、どんなふうにお金を育てていきたいか。ひいては自分にとっての「よりよい将来」が、具体的にどんなものなのか。それをよく考えてみてください。

そのためには、自分の現状をしっかり認識することが必要です。現状うまくいっていることと問題点。変えたくない部分と、その理由。変えたいことと、その理由。そしてムリなく投資に使えるお金はいくらぐらいか。

それがはっきりしたうえで、わくわくしながら不動産投資のことを考えられるなら、それが始めどきです。

不動産投資を始めると周囲の人に話すと、中には反対されることがあるかもしれません。周囲の人の意見を参考にすることは必要ですが、振り回されては何もできません。だいたいにおいて、人は（特に日本人は）自分の知らないことをしようとする人に対し、止める方向に回ります。自分の知らない分野、しかも多額のお金が動くことに対し、賛成する人は少ないのが現状です。

自分自身の気持ちや将来設計がはっきりしていれば、周囲の意見にむやみに振り回されることはありません。

実際に始めるまでに迷いがあってもいいのです。それは当たり前です。自分自身の核をもち、その上で存分に迷いながら情報を集めてみてください。

知識はどこまで必要？

不動産投資を始めるにあたって、特別な知識はいらないといいました。ただし、最低限のことがわからないと、何かを判断する場合、正しい判断どころか、どう考えればいいのかさえわかりません。少なくても千万単位のお金が動くことに対し、そして自分の今と将来のためにすることに対して、それでは困ります。

詳しい知識というよりは、不動産投資とはどういうものかの全容をまず理解したいものです。そうでないと、自分に合うかどうかもわかりません。

そのためには、不動産投資に関する本を読んだり、不動産投資を扱う企業などで開催しているセミナーに参加してみたりするといいでしょう。無料のセミナーもたくさんあります。

企業のセミナーで注意したいのは、自社のことを宣伝するためのセミナーです。もちろん企業活動である限り、セミナー参加者は顧客候補です。けれど、セミナーにはある程度の公平性がないと、正しい情報が得られません。初めから自社の投資商品や物件ばかり紹介したり、囲い込みをしようとしたり、強引に投資を勧めるようなセミナーは、参考や判断基準にすべきではありません。

本もセミナーも、一箇所からの情報だけに限定せず、いくつか当たってみることをお勧めします。それだけでも、自分が飛び込もうとしている不動産投資の世界の雰囲気がわかってくるはずです。

また、実際に不動産投資を経験している方に話を聞くことは、とても参考になります。ただしそれも、その人個人の意見だということを認識しておきましょう。大成功している人に聞けば「やらなきゃ損」という話になるでしょうし、大失敗した人に聞けば「危ない」という意見になるのも当然です。一個人の意見として話を聞きながら、どうやって始めたか、なぜ成功（失敗）したと思うかなどを聞ければ、とてもいい勉強になります。

不動産投資がどんなものなのか。どんな種類があり、自分にはどれが向いていそうか。必要なものはなんなのか。その程度のことが漠然とわかったら、後は実際に仲介業者に話を聞きながら理解したり、覚えたりしていけばいいでしょう。

不動産投資のおおまかな流れ

実際に不動産を購入して運用するまでには、いろいろな要素が関わってきます。こうしたらこうなる、と一概にいえるものではありませんが、一般的な流れをおおまかに説明しておきます。

◇不動産投資に回す金額や目標の設定をする

このために自分自身を知ることが大切なのです。

◇物件を探す

不動産投資の成功に（失敗にも）大きく関わるのが物件選び。家賃収入を得ることが目的の場合、借り手がつかなければ収入が入りません。現在だけでなく、長い目で見て多くの人に好まれやすい物件を選ぶことがポイントです。また、災害のリスクも物件の立地や構造を見定めることで減らせます。

インターネットなどで情報を収集し、気になる物件があったら不動産屋を通して実際に足を運びます。決める前には何度か現地を確認しましょう。

◇物件の決定、申し込み

物件の条件を考慮し、投資対象として適切かどうかを判断します。不動産の場合、現地ではどうしても住み手の目で見てしまいます。それはもちろん必要ですが、自分が住むわけではないことを忘れずに、客観的な目で見てください。

買いたい物件を選んだら申し込みをします。買う側、売る側ともに、ここで条件を再確認します。この段階では様々な駆け引きが行われます。特に初心者の場合、一度気に入った物件はどうしても欲しくなりがちですし、早く始めたい気持ちも出てくるでしょう。けれど、相手の条件と自分の条件を付き合わせて冷静に判断することが重要です。信頼できる人のアドバイスにも耳を傾けましょう。

また、申し込み時に「ローン特約」をつけておくことを忘れずに。これをつけておかないと、最終的にローンが下りずに契約ができなかった場合でも、契約時に支払う手付金が戻ってきません。

◇金額交渉

物件の金額は、交渉次第で値引きされることもあります。たとえば相手が一刻も早く売りたくて焦っている場合、少しぐらい値引きをしても決めてしまいたいと考えているかもしれません。ただ、それを逆手にとって、値引きと引き換えに急ぎの決断を求めてくることもあります。ここでも冷静な判断が求められます。

また、物件の金額だけでなく、支払い方法や保険など、お金の話は多岐に渡ります。今後の資金計画に関わってくることなので、譲れない点などははっきりさせておきます。少しでもわかりにくい点、不安なことなどがあれば、理解・納得できるまで、とことん聞いてください。

◇売買契約を交わす

重要事項の説明を受け、問題がなければ売買契約を交わします。この時に手付金が必要となります。一度払ってしまうと、たとえばローンが下りなかったりして売買が成立しなかった時にも返金されません。「物件の決定・申し込み」時には、繰り返しになりますが、「ローン特約」をつけておくことを忘れずに。

◇融資の契約をする

金融機関の審査を受けるのはこの段階です。サポートしてくれる不動産会社を選んでいればいいのですが、そうでないと膨大な契約事項、書類の説明を受けるだけでもなかなか大変です。しかしとても重要なことなので、内容をしっかり理解しておかなければなりません。

◇物件引き渡し

融資が決定し、契約が完了したら物件が引き渡されます。登記済権利書などの必要書類、鍵などが引き渡されます。自分が住む場合はここから住めますし、賃貸に出すなら募集をかけられます。ローンが残っていようといまいと、今から物件のオーナーはあなたです。既に入居者が入っている状態で引き渡された場合は、入居者に大家の変更、家賃の振込先の変更など、必要事項を通知する必要があります。

◇管理・運用する

オーナーとして、物件を管理運営し、利益を受け取ります。実際の管理は管理会社に任せるのが一般的です。建物管理から入居者管理まで一括してくれる管理会社、またはすべてを頼める仲介業者を選ぶのがお勧めです。

◇物件に関わる法律や税金の再確認

契約前に確認しておくべきことですが、実際に購入したら、改めて確認し、必要なことは忘れないようにしましょう。特に初年度は税金の申請や支払いを忘れずに。節税の方法などもあるので、調べたりプロに相談したりしましょう。

不動産の購入から運用までの流れ、いかがでしたか？　思ったより複雑でしょうか。それとも意外と簡単でしょうか。いずれにしても、実際にやってみて初めてわかることがたくさんあります。同時に、多くの人が普通にしていることでもありますので、それほど難しかったり大変だったりするわけではないはずです。

情報収集や物件探しは、しているうちにどんどん楽しくなっていくでしょう。

そうでなければ不動産投資は難しいかもしれません。

大金持ちで、資産運用を丸ごとプロに任せているという人ならともかく、大切なお金を大事に育てるため、いろいろ調べて迷った末に不動産投資を選んだという人なら、自分のお金を何に使うかを、わくわくしながら考えてほしいと思います。そうして、育っていくお金を楽しみにしてほしいと思います。私自身がそうです。不動産投資は仕事でもありますが、自分自身の勉強の糧であり楽しみでもあります。もちろん、大事な資産運用の手段でもあります。

不動産という人の生活に密接に関わる身近なものが、自分の投資対象になる。自分が不動産のオーナーになる。それは刺激的な体験であり、人生における大きな出来事、貴重な経験になります。私が一度は失敗しながらも、再度挑戦することを選んだのは、そういった興味深さがあり、自己成長の機会になること、安定した利益が見込めることなど、いろいろな魅力を感じたからなのです。

不動産投資に関係する機関・人々

不動産は大切な財産です。大きく高額なものであり、個人のものでありながら、都市計画などにも関わるものです。そのため、関係する企業や機関、様々な業種の人々が出てきます。その人たちは、あなたの不動産投資成功に欠かせない関係者です。

◇仲介業者

一般の人の不動産売買には、おもに不動産会社が関わります。宅地建物取引士の資格をもっていれば不動産の仲介はできるので、まれに個人の仲介者もいます。ただ、初心者が不動産売買をするのであれば、長期的にいろいろなことをまとめて相談できる不動産会社を選んだほうがいいでしょう。

不動産会社にも得手不得手があります。賃貸がメインの不動産会社よりは売買の経験が豊富な会社。さらに投資用物件の取り扱いが多い会社などもあります。いい情報は専門性の高いところに集まりますので、投資のためには投資を得意とする会社を選ぶのがお勧めです。

投資に関することを一括に相談でき、まとめて窓口になってくれる会社もあります。そういう業者の中で、顧客の立場になってくれる信頼できる会社に出会えれば、不動産投資はうまくいったも同然。手間も掛からずストレスもないでしょう。

◇管理会社

買った不動産の賃貸人を募集し、契約その他の代行をしてくれたり、物件そのものの管理をしてくれたりする管理会社も必要です。自分でやるケースがないとはいいませんが、それでは大変な手間と専門知識が必要になります。

賃貸人とのやりとりと建物そのものの管理は、それぞれ専門の業者が行うのが一般的です。その場合も、あなたがそれぞれのやりとりをするのではなく、まとめて窓口になってくれる業者がほしいところです。

◇行政

不動産は地域全体に関わることなので、行政に提出する書類なども多々必要になります。

ただし、自分の住民票や印鑑証明をとってくるなど、役所に出向く必要は出てきます。また、不動産を所有すると、毎年税金の支払いや、免除に関する申告などの手続きが必要になります。

慣れるまでは面倒に感じるかもしれませんが、やってみれば難しいことではありません。税務署や市区町村役場などで申告の方法も教えてくれます。税金に関するセミナーを開いたり、税務相談に乗ってくれたりする仲介業者もあります。

◇金融機関

不動産購入のために融資を受けるのであれば、金融機関とのやりとりも必須です。通常は仲介業者が間に立って進めてくれます。融資が認められないと物件が売れないので、仲介業者は積極的にあなたの味方になってくれるのが普通です。

仕事のつながりや個人的な知り合いなどで、融資を受けやすい金融機関があるなら、個人でやりとりすることもできますし、その前提で仲介業者に相談するのもいいでしょう。

◇コンサルタント

信頼できるプロの助けは必須です。ただし、コンサルタントという肩書きをもつ人が必ずしも必要なわけではありません。仲介業者の担当者がその役割を兼ねてくれていることも多いです。要は、あなたの立場になって相談に乗ったり、アドバイスをしてくれたりする存在が必要だということです。

投資であり、業者にとっては仕事であるにしても、やりとりするのは人と人です。そして、不動産投資は長期計画ですから、関連する相手とも長い付き合いになります。

関連する相手があなたを信頼してくれるか、警戒されてしまうかで、諸々のやりとりのしやすさは全く変わってきます。信頼できる業者を選ぶことがポイントであると同時に、相手にとって、あなたが信頼できる顧客、取引相手であることが大切なのです。

信頼できる業者選びのポイント

不動産投資にあたっては、不動産の売買だけでなく、賃貸に出すときのことや管理など、様々な手間や役割を仲介業者に担ってもらう必要があります。それを担う力がある仲介者を選ばなければなりません。

理想をいえば「オールインワン」などといわれる、売買の仲介から賃貸、建物管理、投資やお金についての相談などを丸ごと頼める業者であること。さらに、将来的に知識をつけたり時間に余裕が出てきたりして、ある程度のことは自分で管理したいという時には、それもできる業者であればいうことはありません。

一括管理してもらえればラクですが、その分手数料も多くかかります。一括管理でしか受けないという業者では、自分でやりたい部分も任せるしかなくなってしまいます。

つまり顧客の要望に最大限応えられる実績やキャパシティを持ち、誠意がある。そんな業者に出会えれば最高です。

また、長い付き合いになるため、担当者との相性も大切です。相性の良い、悪いは、自分と相手の関係性のことなので、互いの人間性の良い、悪いではありません。「良い人だけれど、仕事の話となると、なんとなくすれ違いが多い」「しっくりこないことがある」というのは、珍しいことではないですね。

どんな時にも気軽に相談でき、冷静に対応してくれる業者が望ましいです。

具体的な選び方としては、早い段階で実際に相手の会社に足を運ぶこと。最近はインターネット上でのやりとりも増えており、話がある程度進んだ上で実際に仲介業者に会うということもあります。

最初に相手のウェブサイトを見るのはいいでしょう。どんな会社であるかが表現されているか。どんな情報が出ているか。読む側に寄り添うわかりやすい内容、インターフェイスか。自社の宣伝や押し付け的な記事ばかりでなく、汎用性があって役立つ情報が盛り込まれているか。そういったことをチェックすれば、ある程度は絞り込めるはずです。

その後、気になる業者には一度出かけてみることをお勧めします。セミナーを開催しているなら、ぜひとも参加しましょう。社内の雰囲気や、どの程度きちんとしているかなどという企業カルチャー、企業の体質をうかがうことができます。

次には、アポイントを取って具体的な相談をしてみてください。物件の条件を提示して、今ある物件情報を見せてもらうのもいいでしょう。条件に対して該当物件があまりにも少ないのであれば、他の業者もあたって比較してみたいものです。

アポイントを取る時の対応や、担当者の態度も参考になります。前述の通り、不動産投資は仲介業者との関連が深く、長年に渡ります。いい物件があったとしても、しっくりこない会社や担当者と付き合い続けるのはストレスでしょう。

押しの強すぎる強引な業者や、なんでも「ハイ、ハイ」と安請け合いする業者も要注意です。できないことはできないとはっきり教えておいてもらわないと、不動産を購入した後では取り返しがつきません。「契約を交わしてしまえばこっちのもの」では困るので、管理や税務、長期的な相談がどの程度できるのかを確認し、明確に答えてくれる業者を選ぶことが大切です。

始めたら何が変わる?

多くの人に共通するのは、お金に余裕ができること。そして心に余裕ができること。このことは、コンサルタントの経験の中で多くの人が口にします。

ローンの返済を抱えるから、経済的には大変になるだろう。自分が始めるまでは、そう思っていた人も多いようです。でも実際には、適正にローンを組んだ場合、経済的な負担はそれほど変わらないというのが、多くの経験者の意見です。

ローンの返済分が出ていく代わりに、家賃収入が入ってきます。うまくバランスをとって計画をすれば、支出の増加と収入の増加がトントンになり、これまで通りの生活で、不動産という財産を所有できることになります。

不動産を所有することで、生命保険や積立預金を減らせるということになれば、その分の金額まで、月々のローン返済額に組み込んでも同じ生活ができ、さらにローン返済額よりも家賃収入が高い設定であれば、その分は余裕になります。しかも、不動産を所有しているという事実が将来への安心感になる。これも大きな変化です。

投資に積極的になるという声も多く聞かれます。確かに、最初の一歩を踏み出すのは大変なこと。でもやってみれば、不動産を買うということが自分にもできた。思ったほど敷居の高いものではなく、実際に収益も入ってきます。それはあなたの実績であり、周囲にも評価されますし、自信にもつながります。

それならば、これまで漠然と貯金していたボーナスで、他の投資もしてみようか。そんなふうに思う人が多いようです。

それと関連して、世の中の情勢が気になるようになり、勉強するようになった。日経新聞を興味深く読むようになったという人もいます。世の中の動きが他人ごとではなく自分ごとになることで、社会との繋がりを実感するのでしょう。

やってみたいことが増えた。将来の目標や夢が広がったといわれることもあります。自分で積極的に行動を起こし、それによって自分の経済状況や気持ちが変わった。そういうことを体感すると、チャレンジ精神も刺激されます。将来的な安心感を得たことで、夢や希望を思い描くのも楽しくなります。

コラム

いい不動産会社の見分け方

信頼できる業者選びのポイントとして、会社としての見分け方のポイントをまとめておきます。

①経験が豊富

不動産投資のノウハウには、経験で養われることが多くあります。豊富な実績をもつ会社は、豊富なノウハウをもつ会社ということです。

②顧客が多い

経験が豊富、規模が大きいに重なる部分がありますが、特にリピート顧客が多い会社は、多くの顧客から満足されている会社です。

③ 仕事が丁寧

物件の選定や営業が丁寧ということは、顧客のことをしっかり考えているということに通じます。売れればよいという視点ではなく、顧客にとって本当に問題のない、いい物件かどうかをしっかり見極める。それを顧客にわかりやすく伝える。それができる担当者がいる会社がいい会社です。顧客への説明に専門用語や難しい言葉を並べる担当者は信用できません。薄っぺらな知識しかないことや、なんらかの不都合をごまかしているのかもしれません。

④ いい物件が集まっている

これなくして不動産投資を任せるわけにはいきません。あまり条件のよくない物件や売れ残り物件を抱えているということは、それを誰かに売らなければなりません。そういった物件を売られる立場にならない保証はないのです。

⑤ 相談会、セミナー開催に積極的

顧客には余計な知識がないほうが面倒がない。そう考える不動産会社がないとはいえません。けれど、よい不動産会社は顧客のためを考えるので、顧客が正しい判断をしたり、不動産投資をより深く知ったりするための相談会、勉強会、セミナーなどを開催しています。売ることばかり考えるのではなく、不動産投資をしようとする人を応援する。不動産投資によって、一緒によりよい未来を描いていくというスタンスです。

⑥ アフターフォローが充実している

不動産は買って終わりではありません。むしろ買ってからがスタートです。どんなことでも常に相談できる会社を選ばなければなりません。

第5章
不動産投資に関わるお金の話

お金はいくらぐらい必要？

不動産投資を始めるにあたって、最初にどれくらいのお金があればいいのかは、誰もが気にすることでしょう。これに関しては、一概にいくらあればいいとは言えません。

年収３００万円で不動産が買えるとはいっても、頭金が５００万円必要ということになれば、それが貯まるまで不動産投資は始められないということになります。今ポンと使える５００万円がある人にとって、不動産投資を始められるのは当たり前です。私は、そうではない人たちの不動産投資を応援したいと考え、この本の出版を決意しました。

逆に「頭金ゼロでも買える」を売り言葉にしている広告やウェブサイトもあります。確かに今は、頭金ゼロ、つまりすべてをローンでまかなう不動産売買の方法もあります。前述の通り、それは悪いことではありませんが、できれば少額の頭金＋手元に少し資金を残しておく、くらいで始めると安心です。

頭金があるということは、融資をしてくれる金融機関から見て「貯金のできる人」、つまりお金の管理ができる人という評価につながります。もちろん融資の際には現在の貯蓄額も申告しなければなりません。年齢や年収に対してあまりに低いと「お金の管理ができない人」として、融資の審査がおりないこともあり得ます。

頭金が用意できるかどうかだけでなく、お金ときちんと付き合ってきた人かどうかが判断基準になるということです。

通常、融資がおりやすい自己資金の目安は、物件価格の10％程度とされています。２０００万円の物件を買うのなら、２００万円あればＯＫということです。とはいえ、必ずしもそこまで貯まるまで待つ必要はありません。融資の審査の基準は頭金だけではありません。年収や職業の安定性、相続する予定の財産があるかどうかなど、様々な観点から審査されます。

自己資金が少ない、またはない場合、うんと安い物件の中からお買い得なものを探すという手もあります。手元にある自己資金をすべて頭金にしてしまうのも、不測の事態が起きた時の不安材料になります。手元に３００万円あるなら、２００万円程度を自己資金として始めるのもいいでしょう。

頭金ゼロであっても、今すぐ不動産投資にチャレンジしたい。そう思うのであれば、それもいいと思います。頭金がもう少し貯まったらと考えている時に、たまたまいい物件に出会ってしまったのなら、逃さずに始めたほうがいい場合だってあります。

不動産投資を若いうちに始めることのメリットは、既に述べました。やる気があるのなら、頭金がなくても、そのリスクやデメリットを知った上で、信頼できる仲介業者やコンサルタントと相談しながら実現の手立てを探すべきです。

融資額は少ないほどいいわけじゃない？

では、頭金として1000万円払えるという場合。大型の物件を買うこともできますが、スタートとして一般的な2~3000万円くらいの物件を買うとします。その場合、現金で1000万円払って、残りを融資してもらえば、月々の返済額も、返済期間も少しで済む。そう考えるかもしれません。

しかし、投資という面で考えれば、融資をできるだけ少額で済ますことが有利とは限りません。一般的に日本人は借金を好みません。親から「借金はよくないこと」という教育を受けている場合もあります。融資やローンを借金ととらえ、ローンはできるだけ早く完済したほうがいいと考えています。

けれど、融資が受けられるということは、不動産投資の醍醐味のひとつです。自己資金の何倍ものお金を活用してお金を育てる。これをレバレッジといいます。レバレッジとは「てこ」を意味しています。てこの原理を使って、小さな力で大きなものを動かす。それが不動産投資の大きなメリットです。多額の自己資金をつぎ込むのでは、そのメリットを活用していないことになります。

ですから、頭金にできるお金がたくさんあったとしても、実際に頭金にするのは物件価格の20％ほど。年齢や物件にもよりますが、それが不動産投資の利益を最大限受けるための目安といわれています。

どうして年収３００万円でＯＫ？

どうして年収３００万円では不動産が買えないと思うのでしょうか。

高いから。お金持ちが買うものだから。ローンを組んでも払いきれないのではないか。そもそも融資を受けることができないのでは…。

確かにできなさそうな理由は、いろいろ思いつきます。けれど実際、年収300万円で不動産を購入し、ローンを返済しながらも利益を受けている人は、いくらでもいます。

今は家賃収入よりもローンの返済額のほうが少し大きいけれど、年収が上がってくれば負担は少なくなるし、将来への確かな備えとして希望や安心感があるからプラス、という人もいます。

確かに不動産は、一般の人が一生のうちに買うものの中ではとびきり高額です。けれど、それだけの価値があるものです。ムダにお金を使うわけではありません。お金持ちが買うものというのも単なるイメージであることが、これでおわかりかと思います。

ローンの返済については、そもそもムリな融資は金融機関の審査を通りませんし、ローンの分は家賃収入として入ってきます。借り手がつかないなどの心配も、しっかり物件選びをしたり、家賃保証サービスを利用したりすることでほとんどなくなります。いざとなれば、自分が購入物件に住んで、自分の家賃分をローン返済に回す、物件を売却するという手もあります。

融資を受けることができないのであれば、そもそも不動産投資を始められません。現状のままということで、それはリスクでも心配することでもないはずです。

今は、正規雇用者であれば、単身者用一部屋分のローンを組むことは、それほど難しくありません。時代の応援もあるということです。年収が低い人、若い人や女性に有利な融資もあります。

不動産投資に関する融資の流れ

不動産投資に欠かせない融資の流れを、一般的なケースで見てみましょう。

◇金融機関やローンの種類を選ぶ

各金融機関に特徴があり、それぞれローンの種類もいろいろ。自分に合った金融機関とローンの種類を選ぶことが大切です。インターネットなどで情報を得るほか、公平なプロのアドバイスを受けることをお勧めします。

◇ローン申請の準備

ローンの申請が受け入れられるかどうかには、事前準備が大きくものをいいます。金融機関によって異なりますが、基本的に必要なものに「登記簿謄本」「物件概要書」「キャッシュフロー試算表」「物件取得関連費用概算書」「固定資産税評価証明書」などの他、住宅地図や物件の図面、写真、取引事例など。

こういった物件に関わる書類に加え、あなた個人の経済状況がわかるものが必要です。「源泉徴収票」「確定申告書」「給与明細」などです。

さらに「返済予定表」「保有資産の一覧」なども必要です。あなた個人を特定するものとして「住民票」「印鑑証明書」「戸籍謄本」なども必要です。

◇申し込み～審査

金融機関の窓口に、本人または代理人が行って申し込みをします。それを受けて金融機関が審査を行います。通常は数週間～一ヶ月程度掛かりますが、書類の不備などあると長引くので注意しましょう。

◇融資手続き

融資が決定したら金融機関とローン契約を結びます。主に担保に関する「抵当権設定契約・根抵当権設定契約」、ローンそのものに関する「金銭消費賃貸契約」、加入が義務付けられる保険「団体信用生命保険」の３つを結ぶことになります。

お金の不安の解消法

この世の中で、お金の心配がない人はどのくらいいるでしょう。

「もうお金は十分あるから、くれるといってもいらない」という人は少ないはずです。今はいいけれど、病気になったり体が不自由になったりして働けなくなったら。結婚して子供が生まれたら、望み通りの生活をさせたり、教育を受けさせたりできるのだろうか。老後の蓄えはいくらあっても足りない…。不安のレベルは様々でも、何らかの心配があるという人が普通です。

それらを解消するためには、どうしたらいいのでしょうか。もう十分と思えるだけのお金があればいいのでしょうか？

「もうこれでなんの心配もいらない」といえるお金とは、いくらでしょうか。今現在の日々を楽しみながら、それを貯金することは可能でしょうか。

それはなかなか難しいことだと思いますし、手元にお金があれば安心と思っている限り、お金ができればその分「もっとないと不安」になるような気がします。

お金の不安を解消する方法は「何かあっても自分は解決できる」という、自分を信じる気持ちではないかと考えます。それを得るのも難しいことですが「もういらない」と思うほどのお金を貯めるよりは、実現の可能性が高そうです。

知識を身につけること。幅広い経験を重ねること。信頼できる仲間といい関係を築くこと。自分自身を知り、ブレない客観的な判断ができること。そういうことのひとつひとつが自信につながっていくのだと考えます。

お金を貯めるだけでなく、育てられること。それも大きな経験、実績、スキルです。その知識や力があれば、お金の不安の多くは解消するでしょう。

確固たるスキルや、それに基づいた自信は、すぐに得られるものではありません。日々の意識と積み重ねです。長期計画に基づく不動産投資は、それらを身につける、ひとつの手段にもなってくれます。「自分は大丈夫」、その安心感は、あなたの暮らしや将来への穏やかな気持ちを守ってくれるはずです。

コラム

みんなどんな投資をしているの？

不動産投資を始めるリスクと将来への不安を比べたら…

（25歳・理学療法士・年収４７０万円・志木市・利回り5.9%）

自分が高齢者になった頃、年金が破綻している可能性は十分ある。そんな思いから、もともと投資に興味はありました。友人が不動産投資を始めたと聞いて興味が増しましたが、なんといっても不動産です。大きなお金が動くし、自分の年齢や年収を考えた時に、本当にできるものなのかと不安でした。もちろんリスクも考えました。

そんな不安を消したのは、担当者の方の丁寧でわかりやすい説明でした。買わせようとするのではなく、不動産投資のことをしっかり教えてくれました。おかげで「いいな」と思う物件に出会った時も、安心して決断することができました。

私にとって投資は貯金感覚でするものです。現在はもちろんですが、将来に余裕ができる。最近の時勢を見ていると、つくづく自分の人生は自分で守るしかないと思います。そのために、不動産投資でよりよい生活、将来への安心を手に入れることを期待し、それが叶っています。

以前は給料から貯金をしていましたが、今は不動産投資で貯金ができます。自分自身に余裕ができて、今までより買い物や趣味も楽しめるようになりました。

今後、結婚や自宅の購入ということもあるでしょうし、入院などすることもあるかもしれません。そういった時に、あわてず対応できるお金と、投資の知識や実績があることは心強いです。

不動産投資のおかげで他の投資に回せるお金もできた

（エンジニア・年収490万円・中野区・利回り5.7%）

不動産投資をしてみたいと思うものの、始め方がわかりませんでした。知人の紹介で現在の担当者さんと出会い、具体的な始め方やシミュレーション、リスクとメリットまでなんでも聞けたので、実際にやってみようと思いました。今までにない大金を扱う不安はありましたが、なんでもこちらの立場を考えて相談に乗ってくれる方がいるという安心感で、思い切ることができました。

収支がプラスになる物件を紹介していただいたおかげで、毎月のローンを返済してもお金が残ります。生活費はこれまで通り給料でまかなっているので、残ったお金は株など別の投資に回せます。

不動産は長期投資なので、じっくり勉強しながら、よりよい形で不動産投資の収入を伸ばしていきたいです。

第6章

始めた先に何がある？

いつまで続ければいいの？

不動産を所有し、家賃収入による利益をインカムゲインといいます。それに対し、不動産の売買の差額で得る利益をキャピタルゲインといいます。本書では、長期にわたって安定した利益を得るためのインカムゲイン型の投資について紹介してきました。

その前提により、不動産投資は長期計画だとお伝えしました。不動産は自分から手放さない限り、所有物として残ります。万が一、ずっと放っておいたとしても、自分の資産の中から消えることはありません。

そのため通常、インカムゲイン型の不動産投資には、いつまでという区切りはありません。不動産を売ったり、老朽化などで取り壊しになったりしない限り、投資、または投資価値がなくなっても管理は続きます。

もちろん、ローンの返済が終われば、自分の不動産をどうしようが自分の勝手です。売るのも譲渡するのも思いのままです。ローンの返済中でも処分はできますが、その場合は、自分のものでなくなる時点でローンをすべて返済しなければなりません。不動産が担保になっているからです。

もしも最初から期間を決めて不動産投資をしようと考えているのなら、売る時のことも考えて購入するといいでしょう。仲介業者は、売買の両方に強い業者を選ぶ。いずれ売ると決めているのであれば、少しでも価値のあるうち、高く売れるタイミングを気にしておくことなどをお勧めします。ローンの返済計画も、それに合わせて考えます。

不動産投資というと、多額のローンを抱えたり、不動産という大きなものを所有することによって、なんらかの縛りがあったりするようなイメージを持つ人もいます。けれど実際は、自分の計画次第で自由な運用が可能です。

万が一、始めてみたけれど自分には合わない。やめたいということであれば、不動産を売却すればいいだけです。買った金額より高く売れれば、いいキャピタルゲインになります。物件選びや売り時をきちんと見極めることで、大きなマイナスを出すことは防げるはずです。

最初の一歩の次にすべきこと

不動産のオーナーになってみた。借り手も見つかり、運用が始まった。あなたは、そこで既にたくさんの経験を積み、知識を得たことでしょう。今までの人生で出会う機会のなかったような人々との出会いがあったかもしれません。

信頼できる仲介業者やコンサルタントのサポートがあれば、手軽に始めることができ、手間を掛けずに続けられる。それが不動産投資の魅力のひとつだと述べました。オーナーになった喜びや、生活のゆとりを楽しみながら、のんびりと運用を続けていくのもいいでしょう。

ただし、そこで安心しきってしまわずに、時間が経っても自分の物件の魅力を客観的に判断できるよう、社会状況や管理状況などを見守っていきたいものです。

さらに、最初の一歩を踏み出したことで、次のステップに進みたくなったら、それも素晴らしいことです。一歩目の経験によって、情報や知識の取捨選択力や集積力はグンとアップしているはずです。

家賃収入を得るという視点で始まった投資にしても、もしも急激な価格高騰があったりした場合、売却して次の投資の資金にすることを検討するのもいいでしょう。入居者がいる部屋を売ることも可能です。

そこで得た利益を元手に、次の物件を手に入れることもできます。1件目をそのままに、2件目、3件目のオーナーになる人も少なくありません。これらも、始めることで視野や可能性が開けたという実証です。

ただ漠然と、次の物件というよりは、得た知識や経験を活かし、自分の生活や将来がもっとよくなるよう考え、イメージして不動産投資を楽しんでいただければ、これほど嬉しいことはありません。

コラム　みんなどんな投資をしているの？

ライフスタイルがガラっと変わった！

（居酒屋店員・年収５００万円・足立区・利回り5.8％）

職業柄、仕事の時間拘束が長く、その割に安い賃金、接客のストレスなど、職場に対する不満を抱えていました。生活にも余裕がなく、この先子どもが生まれたらどうなるのか。そんな気持ちもあって、余裕のなさから夫婦間の会話も少なくなっていました。

そんな時、知り合いが私の働いている居酒屋に飲みに来てくれました。一緒に来た人は不動産関係の人とのこと。それまで投資なんて自分には無縁だと思っていましたが、それをきっかけに話を聞いてみると、私にもできるとのこと。興味が湧いて、いろいろ聞いているうちに、不動産オーナーになりたいと思うようになりました。

実際になってみると、ライフスタイルはガラっと変わりました。給与以外の収入が、こんなに余裕をもたらしてくれるものだとは！　夫婦間にもゆとりが出て、以前のように家で楽しい時間が過ごせるようになりました。

自分の年齢や給与を把握して、将来を計画的に考えるクセもつきました。この先5年くらいで持ち物件を売り、資産を増やしつつ、利回りのよい物件を購入して、子どものために幸せな家庭を築きたい！　それが今の目標です。

不労所得の作り方13種類を紹介

―働かずにお金を得られるようになるための方法とは

■質問です。生活費と別に、毎月自由に使えるお金は幾らですか？

「あの子いつも高級な物を持ってる」

「先輩いつもご飯おごってくれるけど家庭もあるのに収入源は？」

「年に2回はハワイに行ってるけどそんなにお給料もらってないはず」

実は2018年現在副業や投資をして不労所得を得始めている人が増加傾向にあることはご存知でしたか？

勿論、不労所得は全く何もせずに収入を得られるという意味ではありません。

一度自分で収入が自動的に入ってくる仕組みを作ることで手にできるものです。

そんな仕組みを作って不労所得る方法はないのでしょうか。

不労所得で月100万円のキャッシュフローを作るにはそれなりの知識と覚悟が必要。

しかし、一度でもその仕組みを作り上げた時、会社員を卒業して悠々自適な生活を送ることも可能になります。今回は、13種類の不労所得と不労所得の作り方を徹底解説していきます。

1 不労所得とは？

不労所得は自分が雇われて報酬をもらうと言う仕組みではありません。また、まったく働かずにお金が入ってくるという意味でもありません。

労働対価ではなく、自分の資産を働かせお金を作ることを指します。

ロバート・キヨサキ著の有名な書籍「金持ち父さん貧乏父さん」の中で「passive income」という言葉が「不労所得」と訳されたため、有名になりました。

不労所得には、大きく分けて3種類あります。

・資産運用によって得られるもの
・公的な制度によって得られるもの
・ビジネスで得られるもの

これらの分類ごとに不労所得には何があるのかを説明していきます。

2 人生を豊かにする13種類の不労所得（初級者〜上級者向きまで）

不労所得には様々な種類があります。

ただ一つ言える事は、努力なくして富を築いている人は一人もいません。

「雇われている方が楽だよ」と言う人もいるように、不労所得を稼ぐにはそれなりの覚悟が必要です。

・流動性
・リスク
・初期費用
・難易度

別にグラフにしてあるので参考にしてみてください。

※宝くじや競馬なども不労所得の内に入りますが、ギャンブル性が高いため除外しています。

2-1　資産運用による不労所得

資産運用の代表的な種類として、銀行に預け利子（利息）を収入にする方法があります。

ただ、これはもう過去の話です。

2018年時点で、活発な動きを見せる不動産・株・仮想通貨などについて説明していきます。

・株式投資・投資信託などによる配当金、売買益
・先物取引・FXなどの売買益
・個人型確定拠出年金
・保険の給付金
・不動産投資

①株式投資・投資信託

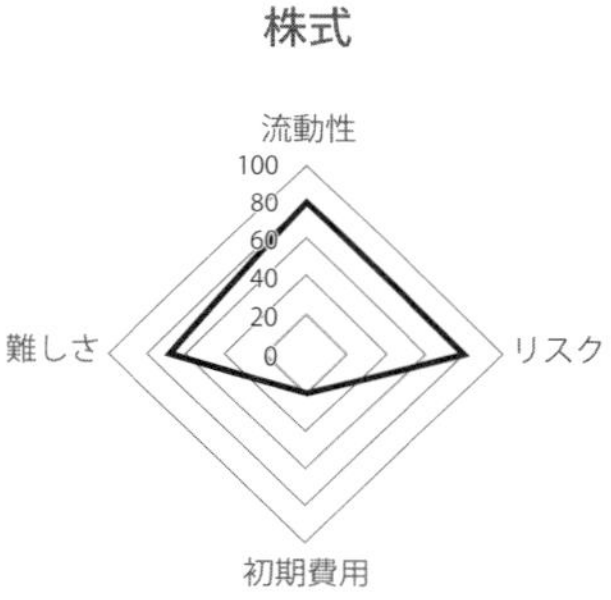

株式や投資信託は、企業に投資します。うまくいけばインカムゲイン（保有している間の配当金）とキャピタルゲイン（売却益）の両方が不労所得となるため、人気の高い運用方法です。

株主優待券で生活をする投資家さんもいます。メディアでも多く取り上げられている桐谷広人さんがその一人です。

株には単元株制度と言うものがあり、基本的には100株から購入できます。現在ではミニ株というものもあり、1万円からでも購入する事ができます。

投資信託には、J-REIT（不動産投資信託）・ETF(Exchange Traded Fund・上場投資信託）など、様々なものがあります。ミドルリスクの部類にはなりますが、株式・投資信託どちらも、元本保証ではないためレバレッジをかけすぎると多額の損失を負う事になります。

②先物取引・ＦＸ

先物

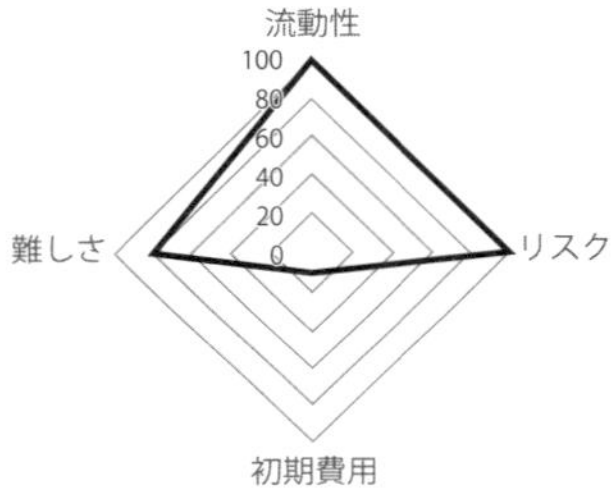

先物取引は、商品に投資をします。

金や今話題のビットコイン（仮想通貨）などには定価がありません。あらかじめ取引する金額を決めておく事が重要です。

取引には、転売・差金決済・買い戻しの選択があり、それらから儲けた売買益が不労所得となります。

ＦＸに関しては、ギャンブル性の高い運用方法です。そのため、月に１００万円どころか一時間で１００万円稼ぐ人もいます。

注意したいのが、取引の期間が決まっているため利益や損失の発生を問わず、必ず決済する事になります。

③個人型確定拠出年金（iDeCo・イデコ）

確定拠出年金（愛称　iDeCo・イデコ）とは、毎月掛け金を積み立てて自分で運用します。

個人型年金

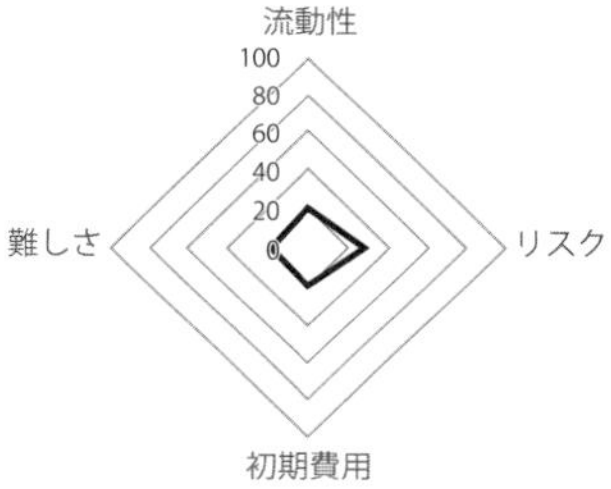

運用結果次第で将来受け取れる金額が変動する「私的年金」です。
取引する金融機関により選択できる金融商品が限られており、個人型と企業型があります。
ただ、あくまでも年金扱いなので60歳まで引き出す事ができません。

④保険の給付金

こちらも不労所得になります。

保険金とは異なり、生存給付金などを受け取る事ができます。

様々な生命保険のプランが出ているため、メリット・デメリットを理解してから運用を始めましょう。

⑤不動産投資

不動産

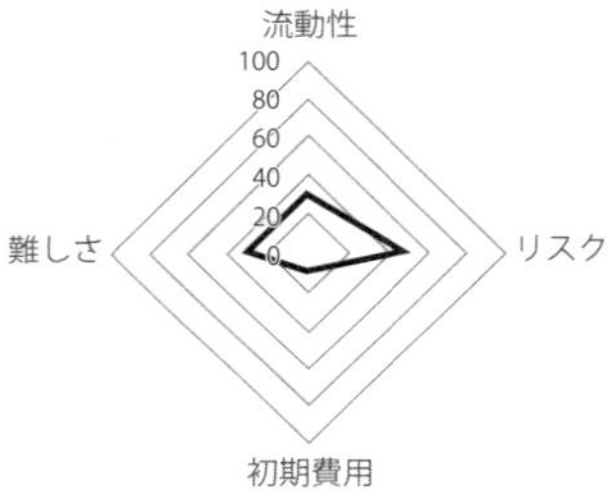

不動産投資は株と同様、インカムゲインとキャピタルゲインが望めます。

実物資産への投資になるため、インフレ対策にもなり節税効果の高い運用方法です。

投資の規模によって収入は異なります。ただ、月に１００万円どころか５００万円もの家賃収入を得ることが可能となるのが魅力の一つです。

注意したい点は、空室リスクです。

人口減少に伴い空室が目立つエリアへの投資は危険です。それなりの知識が必要なため、セミナーへ参加する事から始めましょう。

また、海外にセカンドハウスを持ちたい人も不動産投資を始めています。

2-2　ビジネスによる不労所得

ビジネスによる代表的な種類として、アフィリエイトという運用方法がありま す。現在、ありえない額を稼ぐユーチューバーもいる中、収入に上限が無いとは言えどれくらい稼ぐのでしょうか？

自身の特技や才能を活かせるものが多いようです。

⑥印税

本や楽曲などには著作者や著作権というものがあります。

印税

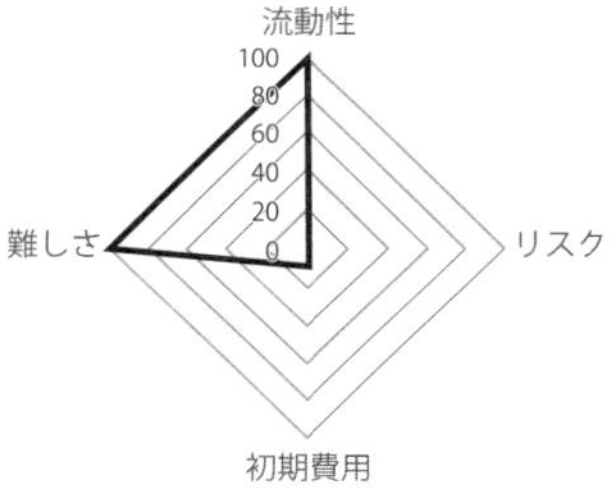

発行部数・売り上げ部数などに応じて、入る印税も異なります。5万部を超えるヒット本を書ければ、印税は1000万円も入るようです。

ちなみに、あの名作「ハリー・ポッターシリーズ」は4億部発行され、作者のJ・K・ローリングさんは10年で1210億円相当を稼いだと言われています。桁が違いますね…！

⑦ライセンスビジネス全般

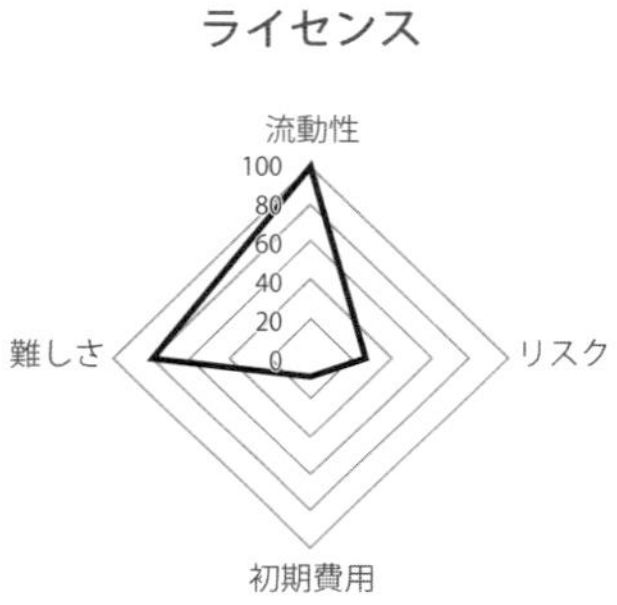

ライセンスビジネスで代表的なのが、皆さんもご存知ふ◯っしー！で儲けたあの人です。

日本語に略すと「商品化権許諾業」といいます。

例えば自分でオリジナルキャラクターを作り、他の企業がそのキャラクターを使用した商品を作りたいと言った場合にライセンス料をもらえることを言います。

他にも、東京オリンピックのマークを作った人もライセンスビジネスになります。

⑧役員報酬

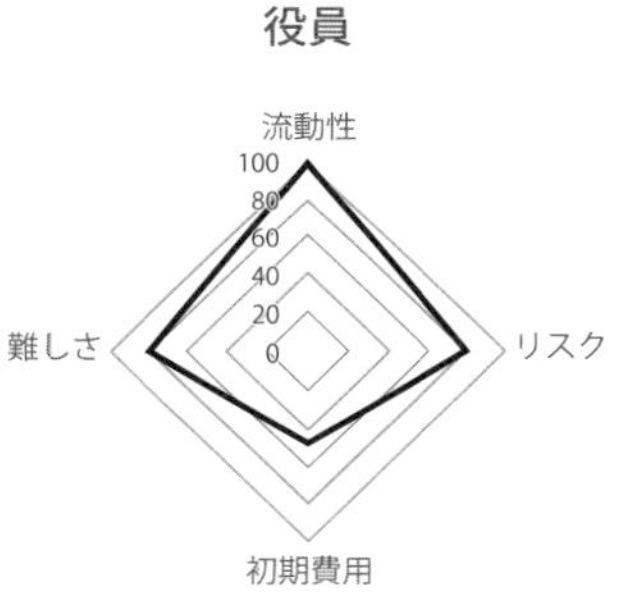

グループ会社がいくつもある場合、それぞれのマーケティングをしていく事で年商を上げ、その報酬として金銭を受け取る方法があります。
不労所得と言えるまで持っていくには、それなりの経験や実績が必要になります。

⑨代筆

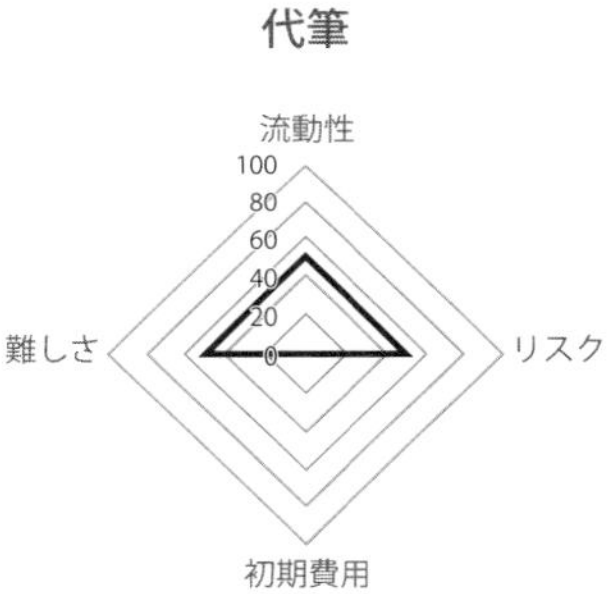

認識の違いはありますが、代筆を副業として考える人もいます。
ただ、印税が入る事もあるので代筆の業務内容により、「不労所得」になりえます。
代筆は、年賀状・優良なお客様にお手紙を送りたい時に依頼者に代わって書く仕事で、ゴーストライター・翻訳も同じ部類になります。

⑩アフィリエイト

アフィリエイトとは「広告収入」を得られる仕組みのことです。サイトやブログなどで広告主のサービス・商品を紹介し、その紹介ページを読んだ人が購入・サービス利用などに至った時に報酬を得ることができます。

インターネットで買えるものは何でもアフィリエイトでき、年収1億円を稼ぐ人もいます。

YouTubeやブログで宣伝するのが主流です。

ただ、2018年時点でアフィリエイトを行う数は500万人以上いるため競争率の激しい業界です。

2-3　公的制度による不労所得

公的制度による代表的な種類として、国からもらえるお金も不労所得となります。

⑪公的年金

日本国内に住む20歳~60歳の人は年金を納める義務があり、その保険料は高齢者などへ給付されます。

日本が作った代表的な不労所得の仕組みと言えます。

⑫国からの給付金――児童手当や失業保険など

子供を養育している人に給付されます。

対象とされているのが、0歳~中学生まで。最大15,000円もらう事ができます。

失業保険に関しても、ある条件を満たせば国から給付金が受け取れます。

⑬ベーシックインカム

すべての人に平等にお金が給付される制度です。

現在日本では導入されるか検討されている段階です。導入されれば1人6万円の給付金がもらえます。

不労所得を全部で13種類とご紹介しましたが、資産運用に関しては細かく分けると100種類を超えます。

労働対価にしても不労所得にしても、一時的な取引を繰り返して収益を得ていく「フロービジネス」か、一度取引すると継続的に収入を得られる「ストックビジネス」かの2つに分けられ、不労所得とはストック（蓄える）ビジネスになります。代表的なのが、不動産投資や株などです。

3　不労所得のメリットやデメリット

3-1　メリット

一度収益を生む仕組みさえ作りさえすれば、毎月何もせずとも収入を得ることができます。

オフィスに行ったり自宅で作業をする必要もなく、遊びに行っていてもお金が入ってくるので、自分の好きなことに打ち込むことができます。

また正社員の場合、フルタイムで働くと週5日約40時間の時間が仕事に取られます。不労所得があればその時間好きなことをやっていても収入が得られるのです。

またパソコンを使用するアフィリエイトやサイトを作成する場合は、自分の好きなジャンルで好きな時間にできます。

例えば、美容ジャンルが好きなら、化粧品のアフィリエイトを仕事終わりの空き時間でする…といった具合です。

３-２ デメリット

お金を作り出す仕組みをつくるのには手間や時間がかかります。

また、例えば不動産や株を何百株も買えば、多額になるなど初期投資額が高いものもあります。

（ただし不動産はローンを利用できれば自己資金はあまり出さずに済む）

4　不労所得に向いている性格

では、不労所得を得るのに向いているのはどのような性格の人なのでしょうか？　代表的な3パターンの性格をご紹介します。

4-1　忍耐強い人

不労所得の仕組みが完成するまでには上述の通り長い時間や費用がかかる可能性があります。

また、投資だと時には損をしてしまうこともあるでしょう。

物事を長い目で見て、忍耐強くチャレンジし続けられる人が向いていると言えます。

4-2　努力や勉強を一生懸命できる人

何を始めるにも知識が必要です。

何も知らない状態で手を出すと詐欺に遭ってしまう可能性も。

成功させるための努力を怠らず、しっかり情報収集や勉強をできる人が堅実に不労所得を得ることができるでしょう。

4-3 明確な目標がある人

漠然と「お金を増やしたい」という動機では挫折の原因になります。

・○○円利益が出たらセカンドハウスを建てたい！
・もっと家族と触れ合う時間を増やしたい！
・趣味に費やす時間を増やしたい！

など具体的な目標を設定して「いつまでやるのか」「いくらまでやるのか」などを明確に決めておくと挫折しにくくなります。

5 サラリーマンも不労所得を得る事ができるのか？

会社に勤めているからと言って今の収入に全員が満足しているというわけではありません。

将来や家族のために「本業とは別に不労所得を得たい」と考えている人も少なくないはず。

そこでサラリーマンやＯＬなどの会社勤めの人でも不労所得を得る方法をご紹介します。

５‐１　仕事以外の時間を有効活用して不労所得を得る

本業があると、不労所得の基盤を作る時間も限られています。

仕事から帰ってきた後の空き時間、休日などを使って仕組みづくりをしましょう。株やＦＸだったら市場を見て勉強する、不動産投資だったら不動産会社を探す、アフィリエイトだったらパソコンと向き合ってサイトを作成するなどです。

地道な努力になることもありますが、不労所得を得るうえで欠かせない過程です。

５‐２　会社のルールや方針を事前に確認しておく必要がある

会社の就業規則は確認しておきましょう。副業が禁止されている会社も多々あります。こっそりやっていたとしても給料とは別口で収入があった場合、住民税の額が増えていることで副業が発覚してしまうことがあるので注意が必要です。

5-3　不労所得は収入にならない場合もある

不労所得を得るためには努力は必要ですが、長時間かけたからといって必ずしもその分の収入が得られるとは限りません。

むしろ、赤字になってしまう可能性も無きにしも非ずです。

リスクや時間、自分の状況をよく鑑みてから始めましょう。

6　不労所得にかかる税金とは?

所得税法で「不労所得」という区分は存在しません。

「不労所得」と呼ばれているものが下記の所得に当てはまる場合、そして年間20万円以上の所得がある人に所得税や住民税などが余分にかかり、確定申告が必要となります。

また、損失を出した場合でも控除を受ける事ができるため、どのような場合でも確定申告は必要と言えます。

○不労所得の種類

○所得区分

○株や投資信託

○配当所得・譲渡所得

○先物取引など

○雑所得

○不動産投資

○不動産所得・事業所得・譲渡所得

○印税

○雑所得・事業所得

○アフィリエイト

○一時所得・雑所得

NISA（小額投資非課税制度）を使えば、年間120万円以下の投資で得た利益が非課税になります。

つまり、確定申告が不要です。ただ、非課税になるのは5年と定められています。

※NISAを利用していない場合、投資で得た利益は20・315％の税金がかかります。

7　不労所得で生活をしている人はどんな暮らし？ブログをご紹介

実は、不労所得のみで生活をするまでの道のりは地味！？

不労所得だけでの生活を目指している人のブログでリアルな本音を見てみましょう。

40代から不労所得のみで生きていくために奮闘しているのんびり屋さんのブログ

https://lifework-freedom.com/

概要：「のんびり屋」さんは、株やETF、投資信託などの投資を実行しています。自身が投資で得た不労所得の金額を公表するなど、不労所得について思う事や知識情報を一日2回更新しています。

草食系大家さんのブログ　https://hirokiooya.com/

概要：パラレルキャリアの中村ひろきさんは、主に不動産投資を軸とした資産運用をおこない、「草食系大家」というメディアを運用しています。先物取引（ビットコイン）についてもブログを書いています。

8　不労所得にまつわる色々な考え方

一時期世間を騒がせた有名な実業家の一人に、与沢翼さんという方がいます。

彼はアフィリエイトで億を稼いでいました。

現在では総額25億円超えの海外のプレビルド物件を購入（不動産投資）したり、ビットコイン・FXなど様々な運用を行い、その知識と情報をWEBを通じて配信しています。

投資の記事を読んでいると「すべての卵を一つのカゴに入れるな」という言葉

があります。これは、分散投資しておけば損失が起こった場合は他の運用で補える事を意味しています。

一方で、「史上最強の投資家」と言われるウォーレン・バフェットはこう述べています。

「リスク分散すると、それだけリターンが減る事になる。会社を徹底的に調べ上げ、この会社とはずっと付き合っていきたいと思える会社の株式に集中投資し、その後は長期保有する方法で財をなした」

不労所得を作る事は簡単ではありません。

右に挙げたお二人のように各個人によって合う投資スタイルも様々で、与沢さんを含め現在億を稼ぐような投資家でも失敗を経験してきている人は沢山います。

しかし、誰でも月に100万円稼げるというのは間違いではありません。分散投資にしろ、集中投資にしろ最初の仕組み作りが一番大切なものです。

9　不労所得を作ろうとしているあなたへ

不労所得は誰にでも得られる可能性を与えられた夢のあるお話です。

ただし、何もせずに入ってくるお金などありません。

最初に勉強し、時間をかけて不労所得が入ってくる基盤・システムを作るなどの下準備を積みましょう。その後だったら楽して、自分の好きなことをして遊んで暮らすことも不可能なことではありません。


働かずにお金を得るためには準備が必要。

一度きりの人生ですから、不労所得で自由を手に入れましょう。

とはいえ一人で始めにくい！　そんな方には、個別の相談会を設けています。

具体的な資産運用プランを公平な目で無料でジャッジし、提案して行きます。

弊社は不動産会社ですので、もしその中で、不動産にご興味をいただけるようであれば、誠心誠意サポートをいたします。

もし他の方法でスタートをしたい場合は、適切な専門家もご紹介しますので、まずはお気軽にセカンドオピニオン的な弊社の使い方をしていただいて大丈夫です。

おわりに

最後までお読みくださり、ありがとうございます。
最後は投資の話ではなく、会社に対する想いの話をさせていただきます。

約4年前になりますが、ＡＳＩＳ株式会社の代表になる内田に誘われ、二人で飲みに行きました。

そこで内田が「心から不動産業界の悪しき伝統や情報格差を利用したサービス提供が当たり前になっている世の中を是正できる会社を創りたい！」と。

こう続けました。

「多くの同世代がいわゆる悪徳業者から騙され、投資効率の低い物件を買ってしまっていることが本当に悲しい。この社会をより良くして、一人ひとりの未来の不安を少しでも取り除きたい」と。

その時、私は誰もが知るような大きな会社に所属し、「出世」のために仕事をするタイプの人間でしたが、内田との飲み会で、私にとって、仕事に対する意識が変わった瞬間でした。

そして、最後に「そのためには、安藤の力が必要だ」と言ってくれて、迷わずに会社を共に作る判断をしました。

あの夜に一念発起した結果、「我々の仕事が世界を変える」というビジョンに賛同してくれた社員が2年で20名、お客様が2年で約150名になりました。

私はASIS株式会社とA-Lab株式会社が大好きです。

この場所で働くのが本当に楽しく、ここのメンバーは誰にでも自慢できる最高の仲間です。

株式会社なので、もちろん利益追求はいたしますが、今までになかった価値を社会に提供するのが会社の存続意義だと思っております。

設立当初の想いを常に意識し、会社経営を行って参ります。

この本を通じて、一人でも多くの方が未来に対する不安が軽減し、投資を通じてお金を増やし、お金が増えるということは「選択肢が増える」ということになると思ってます。

増えた選択肢の中から最適な選択をしていただき、よりよい人生を歩まれたらこれ以上に嬉しいことはありません。

みなさまの人生がより良いものになることを祈り、本書を締めくくりたいと思います。

著者　安藤壮一　しるす

【著者プロフィール】

安藤 壮一（あんどう・そういち）

ASIS 株式会社　取締役
A-Lab 株式会社　代表取締役

新潟県で生まれ、高校まで育つ。

その後、法政大学に入学し、経営学を学ぶ。

卒業後、株式会社インテリジェンス（現パーソルキャリア株式会社）に入社し、人材派遣業・求人広告事業を経験。

４年間勤務し、その後カルチュア・コンビニエンス・クラブ株式会社に転職。

Ｔポイントを活用したデータベースマーケティングのコンサルタントとして従事し、退職。

ASIS 株式会社を創業し、取締役に就任。

Ｍ＆Ａにてレジデンシャル・マネジメント株式会社を買収し、社名を A-Lab 株式会社に変更し、同社の代表取締役に就任。

年収 600 万円以下の方に限定した不動産仲介業と不動産 ×IT をコンセプトにした新規事業の運営をメインミッションとして日々走っております。

平成出版について

本書を発行した平成出版は、基本的な出版ポリシーとして、自分の主張を知ってもらいたい人々、世の中の新しい動きに注目する人々、起業家や新ジャンルに挑戦する経営者、専門家、クリエイターの皆さまの味方でありたいと願っています。

代表・須田早は、あらゆる出版に関する職務（編集、営業、広告、総務、財務、印刷管理、経営、ライター、フリー編集者、カメラマン、プロデューサーなど）を経験してきました。そして、従来の出版の殻を打ち破ることが、未来の日本の繁栄につながると信じています。

志のある人を、広く世の中に知らしめるように、商業出版として新しい出版方式を実践しつつ「読者が求める本」を提供していきます。出版について、知りたい事やわからない事がありましたら、お気軽にメールをお寄せください。

book@syuppan.jp　平成出版　編集部一同

―30歳で不労所得300万円を達成した私が伝えたい―

誰にでもできる資産形成

令和元年(2019) 11月16日　第1刷発行

著　者　安藤　壮一（あんどう・そういち）
ASIS株式会社　取締役
A-Lab株式会社　代表取締役

発行人　須田　早
発　行　平成出版 株式会社
〒104-0061 東京都中央区銀座7丁目13番5号
NREG銀座ビル1階
経営サポート部／東京都港区赤坂8丁目
TEL 03-3408-8300　FAX 03-3746-1588
平成出版ホームページ http://www.syuppan.jp
メール: book@syuppan.jp

発　売　株式会社 星雲社
〒112-0005　東京都文京区水道1-3-30
TEL 03-3868-3275　FAX 03-3868-6588

出版プロデュース／ 株式会社 Riche Lab　（山本 達裕）
取材協力／稲佐知子
編集協力／ 安田京祐、近藤里実、二木由利子、大井恵次
本文DTP／ 小山弘子
印刷 ／ (株)ウイル・コーポレーション